# KNJIGA RECEPTOV ZBIRKE BUNDT

Izdelava 100 Bundt mojstrovin za vsak okus

Irena Turk

Avtorski material ©2024

Vse pravice pridržane

Nobenega dela te knjige ni dovoljeno uporabljati ali prenašati v kakršni koli obliki ali na kakršen koli način brez ustreznega pisnega soglasja založnika in lastnika avtorskih pravic, razen kratkih citatov, uporabljenih v recenziji. Ta knjiga se ne sme obravnavati kot nadomestilo za zdravniški, pravni ali drug strokovni nasvet.

# KAZALO

KAZALO ............................................................................................. 3
UVOD ................................................................................................ 6
**TORTE S SADNIMI SVETLI** ........................................................... 7
   1. Češnjeva Bundt torta ................................................................. 8
   2. Začinjena torta s kakijem .......................................................10
   3. Rožnata torta Lemona ade Bundt ..........................................12
   4. Pikantna torta s suhimi slivami ..............................................14
   5. Limonina kokosova torta ........................................................17
   6. Krvi Orange Mimosa Bundt Torta .........................................19
   7. torta Bavarois Bundt ..............................................................22
   8. Raisin Gugelhupf ...................................................................25
   9. 7-Up Bundt torta ....................................................................27
   10. Bundt torta iz buč in brusnic ................................................29
   11. Zamrznjena jabolčno-začimbna torta Bundt .......................31
   12. Peach Melba Bundt torta .....................................................34
   13. Mangova torta s pasijonko ...................................................37
   14. Torta s hruško in ingverjem Bundt .......................................39
   15. Jagodna rabarbarina Bundt torta ........................................41
   16. Torta s figami in medom .......................................................43
   17. Tropska bananina kokosova torta ........................................45
   18. Jagoda Vrtinec Kremasti sirBundt torta ...............................47
   19. Torta s figami in orehi ...........................................................49
   20. Tropska banana Bundt torta ................................................51
**BOTANIČNE TORTE BUNDT** ..........................................................53
   21. Metulj grah Marmor Bundt ...................................................54
   22. Medena torta z limono in kamilico ........................................57
   23. Bundt torta z limono in makom .............................................60
   24. Vanilijeva cvetlična torta s hibiskusovo glazuro ....................63
   25. Bela čokoladna malinova torta Bundt ...................................66
   26. Hibiskus-limona Mini Bundt Torte ........................................69
   27. Sivkina medena torta ...........................................................72
   28. Kokosova torta s hibiskusovo glazuro ..................................74
   29. Torta Magnolia Caramel Bundt ............................................77
   30. Torta češnjev cvet ................................................................80
   31. Torta z limoninim ingverjem ..................................................83
   32. Rose pistacija Bundt torta ....................................................86
   33. Earl Grey Tea Bundt Torta ....................................................88
   34. Torta z mandljevim pomarančnim cvetom ............................90

35. Bundt torta iz žajblja in citrusov ..................................................................92
36. Torta s kardamomom in hruškami ...............................................................94
37. Torta s timijanom in medeno breskovo ........................................................96
38. Bundt torta z zelenim čajem jasmina ...........................................................98

## TORTE Z OREŠČKI ........................................................................... 100
39. Praline Bundt torta .....................................................................................101
40. Bundt torta z arašidovim maslom in želejem ...............................................104
41. Javorjeva orehova torta Streusel Bundt .....................................................106
42. Nutty Banoffee Bundt torta .......................................................................108
43. Glazirana mandljeva torta .........................................................................110
44. Pistacija Bundt torta .................................................................................113
45. Pecan pita Bundt torta ..............................................................................116
46. Lešnikova čokoladna vrtljiva torta .............................................................119
47. Bundt torta iz indijskih oreščkov in kokosa .................................................121
48. Orehova in medena začimbna torta ...........................................................123
49. Macadamia Mango Bundt torta .................................................................125
50. Kostanjeva čokoladna torta Bundt .............................................................127
51. Mandljeva marelična torta .........................................................................129

## TORTE ZA KAVO ............................................................................. 131
52. Cappuccino Bundt torta ............................................................................132
53. Mocha Bundt torta s kavnim oblivom ........................................................134
54. Kavna torta s kislo smetano ......................................................................137
55. Espresso Bundt torta z ganachejem ..........................................................139
56. Mocha Marmor Bundt Torta ......................................................................142
57. Irska kavna torta Bundt ............................................................................145
58. Vanilla Mleko Bundt torta .........................................................................147
59. Čokoladna espresso fižol Bundt torta .......................................................149
60. Torta Streusel Bundt s cimetovo kavo ......................................................151
61. Bundt torta z lešnikovo kavo ....................................................................153
62. Torta Tiramisu Bundt ...............................................................................156
63. Kavna orehova torta Bundt ......................................................................159

## ČOKOLADNE TORTE ....................................................................... 161
64. Čokoladna Bundt torta .............................................................................162
65. Hershey's Cocoa Bundt Torta ...................................................................164
66. Čokoladna torta z medenjaki Bundt ..........................................................166
67. Nutella Bundt torta ..................................................................................168
68. Čokoladna torta Bundt .............................................................................171
69. Torta Oreo Bundt z vanilijevo glazuro ......................................................174
70. Trojna čokoladaFudge Bundt torta ...........................................................178
71. Čokoladno-malina vrtinčasta torta ............................................................181
72. Bundt torta s temno čokolado in pomarančami .........................................184

## TORTE S SIROM .............................................................................. 187
73. Rdeči žametBundt torta ............................................................................188

74. Buča Kremasti sirBundt Torta ....................................................................190
75. Bundt torta z limoninim kremnim sirom ....................................................193
76. Bundt torta s čokoladno smetano in sirom ................................................196
77. Korenčkova torta s sirom ........................................................................199
78. Key Lime Jagoda Sirtorta Bundt Torta ....................................................202
79. Borovničevo limonin mascarpone Bundt torta ...........................................205
80. Ricotta pomarančna mandljeva torta .....................................................208
81. Bundt torta s kremnim sirom iz javorjevega oreha ....................................210
82. Torta z malinovo belo čokolado in sirom .................................................212

## BOOZY BUNDT TORTE ....................................................................... 214

83. Limoncello Bundt torta ..........................................................................215
84. Baileys Funt Torta ................................................................................218
85. Irska kavna torta z omako iz viskija .......................................................221
86. Torta Amaretto Bundt ..........................................................................224
87. Bundt torta z rumovimi rozinami ...........................................................227
88. Bourbon čokoladna torta Bundt .............................................................229
89. Grand Marnier Orange Bundt Torta .......................................................231
90. Kahlua čokoladna torta ........................................................................233
91. Začinjena torta z rumom in ananasom Bundt .........................................235
92. Z žganjem prepojena češnjeva mandljeva torta .......................................237
93. Prosecco malinova torta .......................................................................240
94. Tequila Lime Bundt Torta .....................................................................242

## BARVIT IN USTVARJALEN ................................................................... 244

95. Mavrična torta Vrtinec Bundt ................................................................245
96. Tie-Dye Bundt torta .............................................................................247
97. Neapeljska Bundt torta ........................................................................249
98. Orange Creamsicle Bundt Torta ............................................................251
99. Confetti Funfetti Bundt Torta ................................................................253
100. Eksplozija sladkarijBundt Torta ...........................................................255

## ZAKLJUČEK ........................................................................................ 258

# UVOD

Dobrodošli v "Knjiga Receptov Zbirke Bundt 100 mojstrovin za vsak okus." Bundt torte so več kot le sladice; so umetniška dela, vsako s svojim edinstvenim okusom, teksturo in videzom. Od klasičnih receptov, ki se prenašajo skozi generacije, do inovativnih kreacij, ki premikajo meje tradicionalne peke, bundt torte ponujajo nekaj za vsak okus in priložnost.

Zaradi ikonične oblike torte z osrednjo luknjo in okrasnimi robovi je takoj prepoznavna in neskončno vsestranska. Ne glede na to, ali pečete za posebno praznovanje ali si preprosto privoščite sladko poslastico, je bundt torta brezčasna klasika, ki vedno navduši. V tej knjigi receptov boste odkrili zakladnico receptov za sveže torte, ki bodo popestrili vašo igro pri peki in razveselili vaše brbončice.

Od bogate čokolade in žametnega rdečega žameta do pikantne limone in dišeče vanilije, možnosti okusov so neskončne, ko gre za tortice. Ne glede na to, ali imate raje preproste recepte brez težav ali dovršene kreacije, ki očarajo čute, boste na teh straneh našli veliko navdiha. Vsak recept je bil natančno preizkušen in izpopolnjen, da bi zagotovil zanesljive rezultate, tako da lahko tudi peki začetniki z lahkoto dosežejo torte profesionalne kakovosti.

Toda ta knjiga receptov je več kot le zbirka receptov; je praznik veselja do peke in umetnosti ustvarjanja čudovitih sladic. Ne glede na to, ali pečete zase, za svojo družino ali za množico željnih gostov, je nekaj zelo zadovoljujočega v opazovanju polpete, ki prihaja iz pečice, zlata in dišeča, pripravljena, da v njej uživajo vsi.

Torej, ne glede na to, ali ste izkušen pek, ki želi razširiti svoj repertoar, ali začetnik, ki se želi naučiti, ima " Knjiga Receptov Zbirke Bundt " nekaj za vas. Pripravite se, da se odpravite na okusno potovanje skozi svet tort, kjer je vsak recept mojstrovina, ki čaka, da jo izdelate in okusite.

# TORTE S SADNIMI SVETLI

# 1. Češnjeva Bundt torta

**SESTAVINE:**
- 1 paket mešanice za čokoladno torto
- 21 unč pločevinke nadeva za češnjevo pito
- ¼ skodelice olja
- 3 jajca
- Češnjeva glazura

**NAVODILA:**
a) Premešamo in vlijemo v pomaščen Bundt pekač.
b) Pečemo pri 350 stopinjah 45 minut.
c) Pustite, da se ohladi v pekaču 30 minut, nato odstranite.

## 2.Začinjena torta s kakijem

**SESTAVINE:**
- 2 mehka, zrela kakija
- ¼ skodelice javorjevega sirupa
- 2 skodelici sladkorja
- 1 pločevinka kokosovega mleka
- ½ skodelice rastlinskega olja
- 1 ½ skodelice večnamenske moke
- 1 ½ skodelice pirine moke
- 1 čajna žlička cimeta
- 1 čajna žlička ingverja
- 1 čajna žlička muškatnega oreščka
- ¼ čajne žličke mletih nageljnovih žbic

**NAVODILA:**
a) Pečico segrejte na 350 stopinj. Pekač za torte ali pekač naoljite in postavite na stran.
b) Izdolbite meso kakijev in ga položite v veliko skledo. Dodajte javorjev sirup, sladkor, kokosovo mleko in rastlinsko olje. Sestavine stepajte, dokler se ne združijo.
c) V drugi veliki skledi zmešajte vse suhe sestavine in mešajte, dokler niso vključene.
d) Počasi prelijte mokro v suho skledo. Mešajte z gumijasto lopatico, dokler se ravno ne združi, pazite, da ne premešate!
e) Zmes vlijemo v pripravljen pekač in postavimo v pečico, da se zapeče.
f) minut. Torta je pečena, ko zobotrebec, zaboden v sredino, izstopi čist.

### 3.Rožnata torta Lemona ade Bundt

**SESTAVINE:**
- 1 paket rumene mešanice za torte
- 1 majhno pakiranje limoninega želeja
- 4 jajca
- ¾ skodelice mareličnega nektarja
- ¾ skodelice olja
- 1 majhna pločevinka zamrznjene rožnate limonade, odmrznjene

**NAVODILA:**
a) Zmešajte prvih 5 sestavin in stepajte 4 minute.
b) Vlijemo v pomaščen in pomokan Bundt pekač.
c) Pečemo 40-45 minut v ogreti pečici na 350 stopinj.
d) Odstranite iz pekača in obrnite na tortni krožnik.
e) Toplo prelijemo z rožnato limonado.

## 4.Pikantna torta s suhimi slivami

**SESTAVINE:**
- 2 skodelici Izkoščičene in na četrtine narezane italijanske suhe slive, kuhane do mehkega in ohlajene
- 1 skodelica Nesoljeno maslo, zmehčano
- 1¾ skodelice Kristalni sladkor
- 4 jajca
- 3 skodelice Presejana moka
- ¼ skodelice Nesoljeno maslo
- ½ funta Sladkor v prahu
- 1½ žlice Nesladkan kakav
- Ščepec soli
- 1 čajna žlička Cimet
- ½ čajne žličke Mleti klinčki
- ½ čajne žličke Mleti muškatni oreščki
- 2 čajni žlički Soda bikarbona
- ½ skodelice Mleko
- 1 skodelica Orehi, drobno sesekljani
- 2 Na 3 žlice močnega, vročega
- Kava
- ¾ čajne žličke Vanilija

**NAVODILA:**

a) Pečico segrejte na 350°F. 10-palčni pekač Bundt namažite z maslom in pomokajte.

b) V veliki posodi za mešanje penasto zmešajte maslo in sladkor, dokler ne postane svetlo in puhasto.

c) Eno za drugim stepemo jajca.

d) V mešalniku zmešajte moko, začimbe in sodo bikarbono. Na tretjine dodajte mešanico moke masleni mešanici, izmenično z mlekom. Stepajte samo, da se sestavine povežejo.

e) Dodamo kuhane suhe slive in orehe ter premešamo, da se združijo. Obrnite se v pripravljen pekač in pecite 1 uro v pečici pri 350 °F ali dokler se torta ne začne krčiti s strani pekača.

f) Za pripravo glazure stepamo maslo in slaščičarski sladkor. Postopoma dodajte sladkor in kakav v prahu ter neprestano mešajte, dokler se popolnoma ne združita. Posolimo.

g) Vmešajte majhno količino kave naenkrat.

h) Stepajte do rahlega in puhastega, nato dodajte vanilijo in okrasite torto.

## 5.Limonina kokosova torta

**SESTAVINE:**
- Rastlinsko olje, za mazanje
- 3 skodelice večnamenske moke, plus več za moko
- 1 funt (4 palčke) soljenega masla, pri sobni temperaturi
- 8 unč kremnega sira, pri sobni temperaturi
- 3 skodelice granuliranega sladkorja
- 6 jajc
- 4 unče instant mešanice limoninega pudinga
- ¼ skodelice sladkanega naribanega kokosa
- 3 žlice limoninega soka
- Lupina 2 velikih limon
- 2½ čajne žličke kokosovega ekstrakta
- 2 žlički vanilijevega ekstrakta

**ZA GLAZURO:**
- 1½ skodelice sladkorja v prahu
- 3 do 4 žlice limoninega soka
- 1 čajna žlička kokosovega ekstrakta

**NAVODILA:**

a) Pečico segrejte na 325 stopinj F. Bundt pekač namastite in pomokajte.

b) V stalnem mešalniku ali veliki skledi za mešanje z ročnim mešalnikom mešajte maslo in kremni sir pri srednji hitrosti približno 2 do 3 minute. Dodajte sladkor in začnite dodajati jajca. Mešajte na srednji hitrosti, dokler se dobro ne poveže.

c) Počasi dodajajte moko, le po malem. Nato dodajte mešanico za puding, nastrgan kokos, limonin sok in lupinico, ekstrakt kokosa in vanilijo. Testo mešajte na srednji hitrosti, dokler ni kremasto.

d) Testo za torto vlijemo v pripravljen pekač. Pečemo 1 uro in 25 minut oziroma dokler ni pečeno. Odstranite torto iz pečice in pustite, da se ohladi, preden jo odstranite iz pekača.

e) Medtem ko se torta hladi, pripravimo glazuro. V srednje veliki skledi zmešajte sladkor v prahu, limonin sok in kokosov izvleček ter z metlico mešajte, dokler ni grudic. Z glazuro pokapljajte torto in pustite stati 5 minut, preden jo postrežete.

# 6.Krvi Orange Mimosa Bundt Torta

**SESTAVINE:**
- 1 ½ skodelice (3 palčke) nesoljenega masla, sobne temperature
- 2 ¾ skodelice granuliranega sladkorja
- 5 velikih jajc, sobne temperature
- 3 skodelice presejane moke za kolače
- ½ čajne žličke soli
- 1 skodelica roza Moscato ali Champagne
- 3 žlice pomarančne lupinice
- 1 žlica čistega vanilijevega ekstrakta

**PREPROSTI SIRUP:**
- ½ skodelice roza Moscato ali Champagne
- ½ skodelice granuliranega sladkorja
- ¼ skodelice svežega krvavo-pomarančnega soka

**ORANŽNA GLAZURA:**
- 1 ½ skodelice slaščičarskega sladkorja
- 3 žlice svežega soka rdeče pomaranče

**NAVODILA:**
a) Pečico segrejte na 315 stopinj F. Pekač Bundt z 10 skodelicami poškropite z nelepljivim razpršilom za peko.
b) V skledi stojnega mešalnika zmešajte sladkor s pomarančno lupinico. Lupinico vtrite v sladkor, da zadiši.
c) V sklede dodamo maslo in sol ter smetano skupaj s sladkorjem. Stepajte na srednji visoki temperaturi 7 minut, dokler maslo ni bledo rumeno in puhasto.
d) Dodajte jajca eno za drugo, dobro premešajte po vsakem dodatku in po potrebi postrgajte po stenah posode.
e) Zmanjšajte hitrost na nizko in počasi dodajte moko v dveh obrokih ter mešajte, dokler se ravno ne združi. Ne premešajte.
f) Nalijte Moscato in mešajte, dokler se le ne poveže.
g) Testo vlijemo v pripravljen pekač in pečemo 70-80 minut ali dokler zobotrebec, zaboden v sredino torte, ne izstopi čist.
h) Pustite, da se torta ohladi v pekaču vsaj 10 minut, preden jo obrnete na servirni krožnik. Ohladimo na sobno temperaturo.

**ZA ENOSTAVNI SIRUP:**
i) V majhnem loncu, ki ga postavite na srednji ogenj, zmešajte vse sestavine in kuhajte na srednje močnem ognju.
j) Zmes zmanjšajte za približno tretjino, dokler se ne zgosti, približno 5 minut.
k) Odstranite z ognja in pustite, da se popolnoma ohladi.

**ZA GLAZURO:**
l) V majhni skledi zmešajte vse sestavine, dokler niso tekoče.
m) Za sestavljanje torte:
n) Ohlajeno torto z nabodalom ali vilicami preluknjajte.
o) Torto prelijte s preprostim sirupom, da se vpije. Po želji ponovite.
p) Na koncu torto pokapljamo z glazuro in pustimo stati 10 minut.
q) Uživajte v tej čudoviti torti Krvi Orange Mimosa, kot nalašč za praznovanja ali katero koli posebno priložnost!

# 7.torta Bavarois Bundt

**SESTAVINE:**
**BAVAROIS:**
- 6 lističev želatine
- 250 g borovnic + dodatek za okras
- Sok 1 limete
- 75 g sladkorja v prahu
- 200 ml jabolčnega soka
- 1 vrečka vanilijevega sladkorja
- 300 ml smetane za stepanje
- 1 zmajevo sadje
- 125 g malin
- 125 g robid

**KUHINJSKI PRIPOMOČKI:**
- Mešalnik
- Bundt oblika (1 liter)

**NAVODILA:**
a) Lističe želatine za 5 minut namočimo v hladno vodo.
b) Borovnice pretlačite v blenderju ali s paličnim mešalnikom.
c) Borovničev pire vlijemo v ponev in zavremo.
d) V pire dodamo namočeno in ožeto želatino ter mešamo, dokler se popolnoma ne raztopi.
e) Iztisnite sok iz 1 limete.
f) Pasiranim jagodam dodamo limetin sok, 50 gramov sladkorja v prahu, jabolčni sok in vanilijev sladkor.
g) Mešanico hladite približno 30 minut oziroma dokler se ne začne gostiti.
h) Z mešalnikom stepemo 250 ml smetane za stepanje.
i) Stepeno smetano nežno vmešajte v mešanico jagodičja.
j) Obliko Bundt sperite s hladno vodo, ne da bi jo posušili.
k) Z žlico zmešajte mešanico jagodičevja in smetane v pripravljen Bundt model.
l) Postavimo v hladilnik in pustimo stati vsaj 4 ure.
m) Dragon fruit prerežite na pol in izdolbite meso.
n) Meso zmajevega sadja pretlačite z vilicami in ga položite v ponev.
o) V ponev dodajte preostalo smetano in sladkor.
p) Zmes segrevajte na majhnem ognju in mešajte z metlico, dokler ne postane gladka omaka.
q) Pustite, da se omaka ohladi, nato pa jo ohladite, dokler ni pripravljena za uporabo.
r) Bavarois previdno zvrnemo na krožnik. Začnite tako, da zrahljate robove, in če se zalepi, lahko okoli obrazca Bundt ovijete kuhinjsko brisačo, namočeno v vročo vodo, da se sprosti.
s) Bavarois prelijemo z omako zmajevega sadja.
t) Okrasite z malinami, robidami in dodatnimi borovnicami.

# 8. Raisin Gugelhupf

**SESTAVINE:**
- 1¾ žličke svežega kvasa
- 1 skodelica mleka, sobne temperature
- 3 skodelice pšenične moke
- 3½ unče pšenične predjedi iz kislega testa
- 1 skodelica mleka, sobne temperature
- 3¾ skodelice pšenične moke
- ½ skodelice sladkorja
- ¾ skodelice stopljenega masla, ohlajenega
- 3-4 jajca
- lupina 1 limone
- 1 skodelica rozin
- sladkor v prahu za okras

**NAVODILA:**

a) Kvas raztopite v 1 skodelici mleka. Dodamo moko in starter ter dobro premešamo. Testo naj vzhaja 1–2 uri.

b) Vse sestavine dodajte v testo in temeljito premešajte.

c) S testom do polovice napolnite enega ali dva pomaščena in pomokana Bundt pekača velikosti 11 × 7 × 1 ½ palcev (1 ½ litra). Pustite, da testo vzhaja, dokler ni približno 30 odstotkov večje ali 1 uro.

d) Pečemo pri 390°F (200°C) 20–30 minut. Pustite, da se torta ohladi, preden jo odstranite iz pekača. Nazadnje potresemo s sladkorjem v prahu.

e) Testo zmešajte s sestavinami iz drugega koraka in dobro premešajte.

f) Namaščene in pomokane modelčke do polovice napolnimo s testom.

g) Pečeno torto pred rezanjem ohladimo.

## 9.7-Up Bundt torta

**SESTAVINE:**
**TORTA:**
- 1 ½ skodelice masla
- 3 skodelice sladkorja
- 5 jajc
- 3 skodelice moke
- 2 žlici limoninega ekstrakta
- ¾ skodelice 7-Up

**GLAZURA:**
- ½ skodelice sladkorja v prahu
- dovolj 7-up in svežega limoninega soka za navlažitev v glazuro

**NAVODILA:**

a) Pečico segrejte na 325 ; .
b) Namastite in pomokajte v eni nagubani Bundt ponvi.
c) Stepajte skupaj sladkor in maslo, dokler ne postane svetlo in puhasto.
d) Dodamo jajca, eno za drugim, dobro stepamo za vsakim... Dodamo moko in še stepamo.
e) Zmešajte ekstrakt limone in 7-Up,
f) Testo dajte v pekač, pecite pri 325 stopinjah 1 uro-1 uro 15 minut.. ali dokler zobotrebec, ki ga vstavite, ne izstopi čist.
g) Pustite, da se torta malo ohladi in odstranite iz pekača.
h) Zmešajte glazuro in pokapajte po vrhu

# 10. Bundt torta iz buč in brusnic

**SESTAVINE:**
- 1 skodelica bučnega moussa
- 2½ skodelice navadne pirine moke ali moke za pšenične pogače
- ½ skodelice mleka
- 7 gramov suhega kvasa
- ½ skodelice trsnega sladkorja ali katerega koli drugega nerafiniranega sladkorja
- sok in lupina 1 limone
- 1 žlica tekočega kokosovega olja
- 1 skodelica posušene brusnice

**NAVODILA:**

a)   V posodi za mešanje zmešajte moko, kvas, sladkor in brusnice.

b)   V manjši kozici počasi segrejemo bučni mousse, mleko, limonin sok in lupinico ter kokosovo olje.

c)   Mokre sestavine vgnetemo v testo. To bi moralo trajati približno 8 minut.

d)   Tortni model Bundt potresemo s tanko plastjo moke in namastimo.

e)   Testo damo v pekač, pokrijemo in pustimo vzhajati 1 uro na toplem.

f)   Pečico segrejte na 180 °C/350 °F in pecite 35 minut (dokler leseno nabodalo ne pride ven čisto).

# 11. Zamrznjena jabolčno-začimbna torta Bundt

**SESTAVINE:**
**NADEV IZ KREMNEGA SIRA:**
- 1 (8 unč) paket. kremni sir, zmehčan
- ¼ skodelice granuliranega sladkorja
- 1 veliko jajce
- 2 žlici večnamenske moke
- 1 čajna žlička vanilijevega ekstrakta

**JABOLČNO-ZAČIMBNO TESTO:**
- 1 skodelica pakiranega svetlo rjavega sladkorja
- 1 skodelica rastlinskega olja
- ½ skodelice granuliranega sladkorja
- 3 velika jajca
- 2 žlički vanilijevega ekstrakta
- 2 žlički pecilnega praška
- 2 žlički začimbe za bučno pito
- 1 ½ čajne žličke mletega kardamoma
- 1 čajna žlička košer soli
- ½ čajne žličke sode bikarbone
- ½ čajne žličke mletega koriandra
- 3 skodelice (približno 12 ¾ unč) večnamenske moke
- 3 velika jabolka Granny Smith (približno 1 ½ funta), olupljena in naribana

**KARAMELNA GLAZURA:**
- ⅔ skodelice grobo sesekljanih popečenih pekanov

**NAVODILA:**
**PRIPRAVITE SIRNI NADEV:**
a) Pečico segrejte na 350°F. Stepite kremni sir, ¼ skodelice granuliranega sladkorja, 1 jajce, 2 žlici moke in 1 čajno žličko vanilije z električnim mešalnikom na srednji hitrosti do gladkega.

**PRIPRAVITE JABOLČNO-ZAČIMBNO TESTO:**
b) Stepite rjavi sladkor, olje in ½ skodelice granuliranega sladkorja z električnim mešalnikom na srednji hitrosti, dokler se dobro ne zmešajo. Dodajte 3 jajca, 1 naenkrat, po vsakem dodajanju dobro stepite. Vmešajte 2 žlički vanilije.

c) Zmešajte pecilni prašek, začimbo za bučno pito, kardamom, sol, sodo bikarbono, koriander in 3 skodelice moke. Postopoma dodajte mešanici rjavega sladkorja in stepajte na nizki hitrosti, dokler se ne zmeša. Dodajte jabolka in stepajte na nizki hitrosti, dokler se ne združi.

d) Polovico testa z žlico položite v pomaščen in pomokan Bundtov pekač s 14 skodelicami. Nadev s kremnim sirom Dollop čez jabolčno mešanico, pri čemer pustite 1-palčni rob okoli robov pekača. Nadev z nožem zavrtite skozi testo. Preostalo maso z žlico razporedimo po nadevu.

e) Pecite v predhodno ogreti pečici, dokler dolg lesen kramp, vstavljen v sredino, ne izstopi čist, od 50 minut do 1 ure.

f) Torto hladite v pekaču na rešetki 20 minut; odstranite iz pekača na rešetko in popolnoma ohladite (približno 2 uri). Na ohlajeno torto takoj nanesite glazuro; potresemo z orehi orehi.

## 12. Peach Melba Bundt torta

**SESTAVINE:**
- 2 skodelici večnamenske moke
- 1 čajna žlička pecilnega praška
- 1/2 čajne žličke sode bikarbone
- 1/2 čajne žličke soli
- 1 skodelica nesoljenega masla, sobne temperature
- 1 1/2 skodelice granuliranega sladkorja
- 4 velika jajca
- 1 čajna žlička vanilijevega ekstrakta
- 1/2 skodelice kisle smetane
- 1/2 skodelice breskovega nektarja
- 1 skodelica na kocke narezanih breskev (svežih ali konzerviranih in odcejenih)
- 1/2 skodelice malin

**GLAZURA:**
- 1 skodelica sladkorja v prahu
- 2 žlici malinovega pireja
- 1 žlica mleka

**NAVODILA:**
a) Pečico segrejte na 350 °F (175 °C). Namastite in pomokajte 10-palčni pekač.
b) V srednji skledi zmešajte moko, pecilni prašek, sodo bikarbono in sol.
c) V veliki skledi stepamo maslo in granulirani sladkor, dokler ne postanejo rahli in puhasti. Dodajte jajca, enega za drugim, po vsakem dodajanju dobro stepite. Vmešajte vanilijev ekstrakt.
d) Mešanico moke postopoma dodajajte mešanici masla, izmenično s kislo smetano in breskovim nektarjem, začnite in končajte z mešanico moke. Nežno vmešajte na kocke narezane breskve in maline.
e) Testo vlijemo v pripravljen pekač. Pecite 50-60 minut oziroma dokler zobotrebec, ki ga zapičite v torto, ne izstopi čist.
f) Pustite, da se torta 10 minut hladi v pekaču, nato pa jo obrnite na rešetko, da se popolnoma ohladi.
g) Za glazuro zmešajte sladkor v prahu, malinov pire in mleko do gladkega. Pokapljamo po ohlajeni torti.

## 13. Mangova torta s pasijonko

**SESTAVINE:**
- 2 1/2 skodelice večnamenske moke
- 2 žlički pecilnega praška
- 1/2 čajne žličke soli
- 1 skodelica nesoljenega masla, sobne temperature
- 2 skodelici granuliranega sladkorja
- 4 jajca
- 1 čajna žlička vanilijevega ekstrakta
- 1 skodelica mangovega pireja
- 1/2 skodelice soka pasijonke
- Lupina 1 limete

**GLAZURA:**
- 1 skodelica sladkorja v prahu
- 2-3 žlice soka pasijonke

**NAVODILA:**
a) Pečico segrejte na 350°F (175°C). Namastite in pomokajte pekač.
b) V skledi zmešajte moko, pecilni prašek in sol.
c) Maslo in sladkor penasto stepite. Dodajte jajca, eno za drugim, nato vanilijo in dobro premešajte.
d) Zmešajte mangov pire, sok pasijonke in limetino lupinico. Postopoma vmešajte suhe sestavine, dokler se le ne povežejo.
e) Testo vlijemo v pripravljen pekač. Pečemo 55-65 minut ali dokler zobotrebec ne izstopi čist.
f) Ohladite v pekaču 15 minut, nato obrnite na rešetko, da se popolnoma ohladi.
g) Za glazuro stepite sladkor v prahu in sok pasijonke do gladkega. Ohlajeno torto pokapljamo.

## 14. Torta s hruško in ingverjem Bundt

**SESTAVINE:**
- 3 skodelice večnamenske moke
- 1 čajna žlička pecilnega praška
- 1/4 čajne žličke sode bikarbone
- 1/4 čajne žličke soli
- 1 žlica mletega ingverja
- 1 skodelica nesoljenega masla, sobne temperature
- 2 skodelici sladkorja
- 4 jajca
- 2 žlički vanilijevega ekstrakta
- 1 skodelica kisle smetane
- 2 skodelici na kocke narezanih hrušk (olupljenih in brez peščic)
- 1/4 skodelice kristaliziranega ingverja, sesekljanega

**GLAZURA:**
- 1 skodelica sladkorja v prahu
- 2 žlici mleka
- 1 čajna žlička vanilijevega ekstrakta

**NAVODILA:**
a) Pečico segrejte na 350°F (175°C). Namastite in pomokajte pekač.
b) Zmešajte moko, pecilni prašek, sodo bikarbono, sol in mleti ingver.
c) Maslo in sladkor penasto stepemo. Eno za drugim stepemo jajca, nato vanilijo. Vmešajte suhe sestavine izmenično s kislo smetano. Zložite hruške in kristaliziran ingver.
d) Vlijemo v pekač in pečemo 60-70 minut. Ohladite v pekaču, nato obrnite na rešetko.
e) Za glazuro zmešajte sladkor v prahu, mleko in vanilijo; pokapljajte po torti.

## 15.Jagodna rabarbarina Bundt torta

**SESTAVINE:**
- 2 1/2 skodelice večnamenske moke
- 1 čajna žlička pecilnega praška
- 1/2 čajne žličke sode bikarbone
- 1/2 čajne žličke soli
- 1 skodelica nesoljenega masla, zmehčanega
- 1 3/4 skodelice granuliranega sladkorja
- 4 jajca
- 2 žlički vanilijevega ekstrakta
- 1 skodelica kisle smetane
- 1 skodelica drobno sesekljane rabarbare
- 1 skodelica narezanih jagod

**JAGODNA GLAZURA:**
- 1 skodelica sladkorja v prahu
- 2-3 žlice jagodnega pireja

**NAVODILA:**
a) Pečico segrejte na 350°F (175°C). Namastite in pomokajte 10-palčni pekač.
b) V skledi zmešajte moko, pecilni prašek, sodo bikarbono in sol.
c) V veliki skledi stepite maslo in sladkor, dokler ne postanejo rahli in puhasti. Dodajte jajca, enega za drugim, po vsakem dodajanju dobro stepite. Zmešajte vanilijo.
d) Mešanico moke postopoma dodajajte mešanici smetane, izmenično s kislo smetano, začnite in končajte z mešanico moke. Zložite rabarbaro in jagode.
e) Vlijemo v pripravljen pekač in pogladimo vrh. Pecite 55-65 minut oziroma dokler zobotrebec, ki ga zapičite v torto, ne izstopi čist.
f) Ohladite v pekaču 10 minut, preden ga obrnete na rešetko, da se popolnoma ohladi.
g) Za glazuro stepemo sladkor v prahu in jagodni pire do gladkega. Po potrebi prilagodite gostoto z več pireja ali sladkorja. Pokapljamo po ohlajeni torti.

# 16.Torta s figami in medom

**SESTAVINE:**
- 3 skodelice večnamenske moke
- 1 čajna žlička pecilnega praška
- 1/2 čajne žličke sode bikarbone
- 1/2 čajne žličke soli
- 1 skodelica nesoljenega masla, sobne temperature
- 1 skodelica granuliranega sladkorja
- 1/2 skodelice medu
- 4 jajca
- 2 žlički vanilijevega ekstrakta
- 1 skodelica pinjenca
- 1 skodelica na kocke narezanih svežih fig

**MEDENA GLAZURA:**
- 1 skodelica sladkorja v prahu
- 3 žlice medu
- 2 žlici mleka

**NAVODILA:**
a) Pečico segrejte na 350°F (175°C). Namastite in pomokajte pekač.
b) V skledi zmešajte moko, pecilni prašek, sodo bikarbono in sol.
c) V veliki skledi penasto zmešajte maslo, sladkor in med, dokler ne postane svetlo in puhasto. Dodajte jajca, enega za drugim, po vsakem dodajanju dobro stepite. Vmešajte vanilijo.
d) Mešanico moke dodajte smetanovi zmesi izmenično s pinjencem, začnite in končajte z mešanico moke. Zložimo na kocke narezane fige.
e) Testo vlijemo v pripravljen pekač. Pecite 60-70 minut oziroma dokler zobotrebec, ki ga zapičite, ne izstopi čist.
f) Pustite, da se torta 10 minut hladi v pekaču, nato pa jo obrnite na rešetko, da se popolnoma ohladi.
g) Za glazuro zmešajte sladkor v prahu, med in mleko do gladkega. Pokapljamo po ohlajeni torti.

## 17.Tropska bananina kokosova torta

## SESTAVINE:
- 3 skodelice večnamenske moke
- 2 žlički pecilnega praška
- 1/2 čajne žličke sode bikarbone
- 1/2 čajne žličke soli
- 1 skodelica nesoljenega masla, sobne temperature
- 2 skodelici granuliranega sladkorja
- 3 jajca
- 2 žlički vanilijevega ekstrakta
- 1 skodelica pretlačenih zrelih banan (približno 2-3 banane)
- 1 skodelica kokosovega mleka
- 1 skodelica naribanega kokosa

## KOKOSOVA GLAZURA:
- 1 skodelica sladkorja v prahu
- 3-4 žlice kokosovega mleka

## NAVODILA:
a) Pečico segrejte na 350°F (175°C). Namastite in pomokajte pekač.
b) Zmešajte moko, pecilni prašek, sodo bikarbono in sol.
c) Maslo in sladkor penasto stepemo. Dodajte jajca, eno za drugim, nato vanilijo, dobro premešajte po vsakem dodajanju. Vmešajte pretlačene banane.
d) V testo izmenično dodajajte suhe sestavine in kokosovo mleko, začnite in končajte s suhimi sestavinami. Vmešamo nastrgan kokos.
e) Testo vlijemo v pripravljen pekač. Pecite 60-70 minut ali dokler zobotrebec, ki ga zapičite, ne izstopi čist.
f) Ohladite v pekaču 10 minut, nato pa obrnite na rešetko, da se popolnoma ohladi.
g) Za glazuro zmešajte sladkor v prahu in kokosovo mleko do gladkega. Po potrebi prilagodite konsistenco. Ohlajeno torto pokapljamo.

## 18.Jagoda Vrtinec Kremasti sirBundt torta

**SESTAVINE:**
- 2 1/2 skodelice večnamenske moke
- 1 čajna žlička pecilnega praška
- 1/2 čajne žličke sode bikarbone
- 1/2 čajne žličke soli
- 3/4 skodelice nesoljenega masla, sobne temperature
- 1 1/2 skodelice granuliranega sladkorja
- 4 velika jajca
- 1 čajna žlička vanilijevega ekstrakta
- 1 skodelica kisle smetane
- 8 unč kremnega sira, zmehčanega
- 1/2 skodelice jagodnih konzerv

**NAVODILA:**
a) Pečico segrejte na 350 °F (175 °C). Namastite in pomokajte 10-palčni pekač.
b) V srednji skledi zmešajte moko, pecilni prašek, sodo bikarbono in sol.
c) V veliki skledi penasto stepite maslo in granulirani sladkor, dokler ne postaneta svetla in puhasta. Eno za drugim stepemo jajca, nato vanilijo. Postopoma dodajajte mešanico moke, izmenično s kislo smetano, začnite in končajte z mešanico moke.
d) V ločeni skledi stepite kremni sir do gladkega. Vmešajte jagodne konzerve.
e) Polovico testa za torto vlijemo v pripravljen pekač. Na testo z žlico nanesite mešanico kremnega sira. Prelijemo s preostalo maso za torto.
f) Z nožem mešanico kremnega sira vmešajte v testo in ustvarite učinek marmoriranja.
g) Pecite 60-70 minut oziroma dokler zobotrebec, ki ga zapičite v torto, ne izstopi čist. Pustite, da se ohladi v pekaču 10 minut, nato pa ga obrnite na rešetko, da se popolnoma ohladi.

## 19.Torta s figami in orehi

**SESTAVINE:**
- 2 skodelici večnamenske moke
- 1 čajna žlička pecilnega praška
- 1/2 čajne žličke sode bikarbone
- 1/2 čajne žličke soli
- 1 skodelica nesoljenega masla, sobne temperature
- 1 1/2 skodelice granuliranega sladkorja
- 4 jajca
- 1 čajna žlička vanilijevega ekstrakta
- 1/2 skodelice pinjenca
- 1 skodelica suhih fig, sesekljanih
- 1 skodelica sesekljanih orehov

**NAVODILA:**
a) Pečico segrejte na 350°F (175°C). Namastite in pomokajte pekač.
b) Zmešajte moko, pecilni prašek, sodo bikarbono in sol.
c) V veliki skledi stepite maslo in sladkor, dokler ne postanejo svetli. Dodajte jajca, enega za drugim, nato vanilijo. Izmenično dodajte suhe sestavine in pinjenec, začnite in končajte s suhimi sestavinami. Zložite fige in orehe.
d) Testo vlijemo v pripravljen pekač. Pecite 55-65 minut, dokler testo ne pride ven čisto. Ohladite v pekaču 15 minut, nato pa obrnite na rešetko, da se popolnoma ohladi.

## 20.Tropska banana Bundt torta

**SESTAVINE:**
- 3 skodelice večnamenske moke
- 2 žlički pecilnega praška
- 1 čajna žlička sode bikarbone
- 1/2 čajne žličke soli
- 1 skodelica nesoljenega masla, sobne temperature
- 2 skodelici sladkorja
- 3 velika jajca
- 2 žlički vanilijevega ekstrakta
- 1 skodelica pretlačenih zrelih banan (približno 2-3 banane)
- 1 skodelica kokosovega mleka
- 1 skodelica naribanega kokosa
- 1/2 skodelice makadamijinih orehov, sesekljanih

**NAVODILA:**
a) Pečico segrejte na 350°F (175°C). Namastite in pomokajte pekač.
b) Zmešajte moko, pecilni prašek, sodo bikarbono in sol.
c) Maslo in sladkor penasto stepemo. Eno za drugim stepemo jajca, nato vanilijo. Vmešajte banane. Izmenično dodajte suhe sestavine in kokosovo mleko, začnite in končajte s suhimi sestavinami. Zmešajte nastrgan kokos in makadamije.
d) Vlijemo v pripravljen pekač. Pecite 60-70 minut oziroma dokler zobotrebec, ki ga zapičite, ne izstopi čist. Ohladite v pekaču 20 minut, nato pa obrnite na rešetko, da se popolnoma ohladi.

# BOTANIČNE TORTE BUNDT

## 21.Metulj grah Marmor Bundt

## SESTAVINE:
### METULJ GRAHPOWDER MARMORNI SVET
- 3½ skodelice večnamenske moke
- 4 žličke pecilnega praška
- ¾ čajne žličke soli
- ¾ skodelice nesoljenega masla pri sobni temperaturi
- ½ skodelice rastlinskega olja
- 1¾ skodelice granuliranega sladkorja
- 3 jajca + 2 beljaka sobne temperature
- 4 žličke vanilije
- 1½ skodelice pinjenca
- 1 žlica metuljevega graha v prahu
- 1 žlica mleka

### GLAZURA METULJ VANILIJA
- 1½ skodelice sladkorja v prahu
- 1 čajna žlička metuljevega graha v prahu
- ½ čajne žličke vanilije
- 2-4 žlice mleka

## NAVODILA
### METULJ GRAHPOWDER MARMORNI SVET
a) Pečico segrejte na 350°F / 175°C. Bundt pekač s prostornino 12 skodelic namažite z maslom in izdatno pomokajte.

b) V srednje veliki skledi zmešajte moko, pecilni prašek in sol. Dati na stran.

c) V skledi stoječega mešalnika, opremljenega z nastavkom za lopatico, 5 minut stepajte maslo, olje in sladkor, dokler ne postane rahlo in puhasto.

d) Postrgajte po stenah posode in dodajte eno jajce naenkrat, med vsakim dodajanjem stepajte 20 sekund. Dodajte vanilijo z zadnjim jajcem.

e) Izmenično dodajajte mešanico moke in pinjenec. Dodajte ⅓ mešanice moke, nato ½ pinjenca, ⅓ moke, preostalo ½ pinjenca in preostalo ⅓ moke.

f) Odstranite ~3 skodelice testa in ga položite v srednje veliko skledo. V majhni skledi zmešajte prašek iz grahovega graha in mleko. V 3 skodelice nežno vmešajte mešanico praškastega graha, dokler testo ni popolnoma modro.

g) ~⅓ vaniljevega testa enakomerno porazdelite po Bundtu. Uporabite ~⅓ modrega testa, da položite velike kepice čez vanilijo, nato pa z nožem nežno zavrtite modro.

h) Na vrh dodajte še ⅓ vanilije, ponovite kroglice in dvakrat zavrtite, tako da končate z modrim testom na vrhu.

i) Pecite 50-60 minut, dokler nož, vstavljen v Bundt, ne pride ven čist ali z le nekaj vlažnimi drobtinami.

j) Pustite, da se torta hladi v pekaču 10-15 minut. Ko je pekač dovolj hladen, da se lahko dotaknete, torto obrnite na čisto površino. Pustite, da se torta popolnoma ohladi pred glazuro.

**GLAZURA METULJ VANILIJA**

k) V skledi zmešajte vse sestavine, začenši z 2 žlicama mleka. Po potrebi dodajte več mleka, da dosežete želeno konsistenco.

l) Glazuro enakomerno prelijemo po torti.

m) Izbirno: V skledo nalijte 1 čajno žličko bele jedilne barve. S čopičem pobarvajte torto. Na vrh potresemo cvetne liste vrtnic in posipamo z belim sladkorjem.

n) Postrezite in uživajte!

## 22. Medena torta z limono in kamilico

## SESTAVINE:
### MEDENA TORTA Z LIMONO KAMILICO:
- 1 skodelica polnomastnega mleka
- ½ skodelice kamiličnega čaja iz listov
- 2 žlici medu
- 3 skodelice fine moke za pecivo ali moke za torte
- 1 čajna žlička fine morske soli
- 1 čajna žlička sode bikarbone
- ½ čajne žličke pecilnega praška
- Lupina in sok 4 srednje velikih limon
- 1 ½ skodelice granuliranega sladkorja
- 1 skodelica nesoljenega masla (pri sobni temperaturi)
- 4 velika jajca (na sobni temperaturi)
- 2 žlički čistega vanilijevega ekstrakta

### GLAZURA IZ LIMONE KAMILICE MED:
- ½ skodelice sladkorja
- ½ skodelice vode
- ½ skodelice kamiličnega čaja iz listov
- ¼ skodelice limoninega soka (iz limon, uporabljenih v torti)
- ¼ skodelice medu

## NAVODILA:
### ZA MEDENA TORTA IZ LIMONE KAMILICE:
a) Pečico segrejte na 350°F. Pripravite pekač z 10 skodelicami, tako da ga premažete s stopljenim maslom in potresete z moko za pecivo.
b) V majhni ponvi na srednje nizkem ognju zmešajte mleko, kamilični čaj in med. Kuhajte 5 minut, nato pa pustite, da se čaj strmi, ko se ohladi. Mleko precedite, vanj vmešajte polovico limoninega soka in odstavite.
c) Skupaj presejemo moko za pecivo, sol, pecilni prašek in sodo bikarbono. Dodamo limonino lupinico in stepamo.
d) V stojnem mešalniku stepajte maslo in sladkor, dokler ne postane puhasto. Eno za drugim dodajte jajca, nato vanilijo.
e) Mešanico moke in ohlajeno, namočeno mleko izmenično zmešajte v treh oziroma dveh delih.
f) Testo vlijemo v pripravljen pekač in pečemo 40-45 minut, na polovici pa ga obrnemo. Torta mora biti zlata in ob dotiku poskočiti.

### ZA GLAZURO IZ LIMONINE KAMILICE MED:
g) V loncu na močnem ognju zmešajte sladkor, vodo, med, limonin sok in kamilični čaj. Zavremo in mešamo, dokler se sladkor ne razlopi. Kuhajte, dokler se mešanica ne zgosti, nato jo odstavite z ognja in ohladite. Precedite sirup.
h) Ko je torta še v pekaču, na dnu z lesenim nabodalom preluknjajte. Torto prelijemo s ¾ glazure in pustimo, da steče v kanalčke. Preostalo glazuro prihranite.
i) Torto pustite, da se ohladi v pekaču 30 minut, nato pa jo obrnite na servirni krožnik. Vrh in stranice namažite s preostalo glazuro.
j) Po želji torto okrasimo s sveže nabranimi cvetovi kamilice. Narežemo in postrežemo s stepeno smetano.

## 23.Bundt torta z limono in makom

**SESTAVINE:**
**TORTA:**
- 230 g masla, sobne temperature
- 230 g sladkorja
- Lupina 3 limon
- 4 velika jajca
- 100 g polnomastnega grškega jogurta
- 300 g presejane samovzhajalne moke
- 1 čajna žlička pecilnega praška
- 2 žlici črnega maka
- Ščepec soli

**ROSENJE:**
- 100 g sladkorja v prahu
- Sok 3 limon

**ZALEDENJ:**
- 100 g sladkorja v prahu
- Sok 1 limone
- Voda (po potrebi za želeno konsistenco)

**NAVODILA:**

a) Pečico segrejte na Gas Mark 4/160°C Ventilator, 180°C. Pekač za bunde poškropite s pršilom za sprostitev torte ali izdatno namastite z maslom.
b) Zmešajte maslo, sladkor in limonino lupinico, dokler ne postane svetlo in puhasto, približno 5-8 minut.
c) Dodajte jajca eno za drugo, po vsakem dodajanju dobro premešajte.
d) Nežno premešajte grški jogurt.
e) Dodamo presejano samovzhajajočo moko, pecilni prašek, mak in ščepec soli, da se dobro povežejo.
f) Testo prenesite v pripravljen pekač. Pecite 35 minut oziroma dokler nabodalo, ki ga vstavite v sredino, ne pride ven čisto.
g) Medtem ko se torta peče, naredimo preliv tako, da na majhnem ognju segrevamo sladkor z limoninim sokom 2-3 minute.
h) Ko torto vzamete iz pečice, jo preluknjajte in prelijte s toplo tekočino. Torto pustite stati 15 minut, preden jo obrnete iz modela.
i) Za glazuro mešajte sladkor v prahu z limoninim sokom, dokler ne dosežete tekoče konsistence. Po potrebi dodajte vodo.
j) Pred serviranjem torto pokapljamo z glazuro in jo okrasimo z jedilnimi cvetovi.

## 24. Vanilijeva cvetlična torta s hibiskusovo glazuro

**SESTAVINE:**
**BUNDT TORTA:**
- 1 ½ skodelice moke
- ½ čajne žličke soli
- ¼ čajne žličke sode bikarbone
- ½ skodelice masla, zmehčanega
- 1 ½ skodelice sladkorja
- 4 jajca
- 1 čajna žlička vanilijevega ekstrakta
- ⅔ skodelice navadnega jogurta

**HIBISKUSA :**
- 2 vrečki hibiskusovega čaja
- 1 skodelica vode
- 1 ¾ skodelice slaščičarskega sladkorja, presejanega
- 2 žlički svežega limoninega soka
- 1-3 žlice kuhanega hibiskusovega čaja, ohlajenega

**NAVODILA:**

**ČAJ:**

a) V 1 skodelici vrele vode kuhajte čajne vrečke pokrite 8-10 minut.
b) Odstavimo in pustimo, da se popolnoma ohladi.

**ZA TORTO:**

c) Pečico segrejte na 350°F. Pripravite pekač s pršilom za peko in s čopičem za pecivo enakomerno premažite podrobnosti pekača.
d) V manjši skledi zmešajte moko, sodo bikarbono in sol. Dati na stran.
e) Z mešalnikom z lopatko smetano maslo in sladkor. Zmešajte jajca, dokler niso popolnoma vključena.
f) Dodamo vanilijo, mešanico moke in jogurt. Mešajte do gladkega.
g) Nalijte v pripravljen 6 Cup Bundt, tako da napolnite le ¾. Nežno potrkajte po pultu, da sprostite zračne mehurčke.
h) Pecite 35-40 minut oziroma dokler zobotrebec, ki ga zapičite v sredino torte, ne izstopi čist. Odstranite iz pečice in pustite, da se torta ohladi 10 minut, preden jo obrnete na rešetko za hlajenje.

**ZA GLAZURO:**

i) Medtem ko se kolač ohlaja, zmešamo sestavine za glazuro. Sladkorju Confectioners' dodajte limonin sok in ohlajen kuhan čaj, dodajte 1 žlico naenkrat in do 3 žlice za želeno gostoto in barvo.
j) Ohlajeno torto pokapljajte z glazuro, ko ste pripravljeni za serviranje.

## 25.Bela čokoladna malinova torta Bundt

**SESTAVINE:**
**TORTA:**
- 8,8 unč nesoljenega masla
- 8,8 unč bele čokolade
- 6,7 unč vode
- 1 ½ skodelice finega (ženenega) sladkorja
- 2 veliki jajci, sobne temperature
- 1 čajna žlička vanilijevega ekstrakta
- 4,4 unč lahke kisle smetane
- 1 ½ skodelice samovzhajajoče moke
- 1 ¼ skodelice večnamenske moke
- 8,8 unč zamrznjenih malin

**MASLENA KREMA IZ BELE ČOKOLADE:**
- 7 unč nesoljenega masla, zmehčanega
- 14 unč glazure/sladkorja v prahu
- 3,5 unč bele čokolade
- 1,1 unče smetane

**NAVODILA:**
**TORTA:**
a) Pečico segrejte na 160°C / 320°F. Namastite in pomokajte 8" pekač za torto.
b) V posodi, primerni za uporabo v mikrovalovni pečici, pri 50% moči dve minuti stopite maslo in čokolado.
c) Dodajte vodo in sladkor, premešajte in nadaljujte s segrevanjem v mikrovalovni pečici pri 50 % moči v korakih po 1-2 minuti, dokler se vse ne raztopi. Pustite, da se ohladi 15 minut.
d) V majhni skledi rahlo stepemo jajca, kislo smetano in vanilijo.
e) V veliko skledo skupaj presejemo moko. Jajčno zmes dodamo moki. Ne kombinirajte v celoti. Postopoma dodajte mešanico bele čokolade, dokler ni združena.
f) Vmešamo maline in vlijemo v pripravljen model.
g) Pecite približno 1 uro 15 minut oziroma dokler nabodalo ne pride ven čisto.
h) Torto hladimo v modelu 20 minut. Odstranite iz modela in popolnoma ohladite na rešetki, preden ga zavijete v prozorno folijo in za 4 ure postavite v hladilnik.

**MASLENA KREMA IZ BELE ČOKOLADE:**
i) Smetano in belo čokolado stopite v mikrovalovni pečici pri 50 % moči v korakih po 30 sekund, dokler ne postane gladka. Pustite, da se ohladi 15 minut.
j) V veliki skledi na srednji hitrosti električnega mešalnika stepamo maslo do gladkega.
k) Dodajte sladkor v prahu, eno skodelico naenkrat, dokler se dobro ne premeša.
l) Dodajte kremni mešanici bele čokolade in stepajte, dokler se ne združi.

# 26. Hibiskus-limona Mini Bundt Torte

**SESTAVINE:**
- 1 ½ skodelice večnamenske moke in več za posip
- 1 čajna žlička pecilnega praška
- ½ čajne žličke soli
- 1 skodelica granuliranega sladkorja
- 4 čajne žličke zdrobljenih čajnih listov limone in hibiskusa
- 1 žlica drobno naribane limonine lupinice in 2 žlici limoninega soka (iz približno 1 velike limone)
- 1 ¼ palčke (10 žlic) nesoljenega masla pri sobni temperaturi
- 2 veliki jajci
- 2 žlički čistega vanilijevega ekstrakta
- ¾ skodelice kisle smetane
- Sprej za kuhanje
- 2 skodelici slaščičarskega sladkorja
- Hibiskusovi cvetovi v kozarcu v sirupu, sesekljani, za preliv, plus 2 žlici sirupa

**NAVODILA:**
a) Pečico segrejte na 350° F. V srednji skledi zmešajte moko, pecilni prašek in sol.
b) V veliki skledi z mešalnikom na srednji visoki hitrosti stepajte granulirani sladkor, zdrobljene čajne lističe in limonino lupinico, dokler se dobro ne povežejo, približno 1 minuto. Dodajte maslo in stepajte, dokler ni svetlo in kremasto, po potrebi strgajte po posodi 3 do 5 minut.
c) Eno za drugim stepajte jajca, dokler se ne združijo, nato pa dodajte vanilijo. Zmanjšajte hitrost mešalnika na nizko in v 3 obrokih stepajte mešanico moke, izmenično s kislo smetano. Povečajte hitrost na srednje visoko in stepajte do gladkega.
d) Mini Bundt ponev s 6 skodelicami obilno poškropite s pršilom za kuhanje in potresite z moko ter stresite odvečno količino. Testo enakomerno razdelite med skodelice, tako da vsako napolnite do približno dveh tretjin.
e) Pecite, dokler torte na vrhu niso zlate in se ob nežnem pritisku vrnejo nazaj, 27 do 32 minut. Pekač prestavite na rešetko in pustite, da se pecivo ohladi približno 10 minut, nato pa torte odstranite na rešetko, da se popolnoma ohladi.
f) Medtem v srednji posodi zmešajte slaščičarski sladkor, limonin sok in hibiskusov sirup, dokler ni gladka in mazljiva. Če je glazura pretrda, jo lahko razredčite z nekaj kapljicami vode.
g) Glazuro prelijte po kolačih in pustite, da kaplja po straneh. Potresemo z narezanimi cvetovi hibiskusa. Pustite, da se strdi vsaj 20 minut.

## 27.Sivkina medena torta

**SESTAVINE:**
- 1 skodelica medu
- ¼ skodelice sveže sivke
- 1 skodelica nesoljenega masla, zmehčanega
- 1 skodelica sladkorja
- 4 jajca
- 2 skodelici mešanice moke Pamela's All-Purpose Flour Artisan
- 1 čajna žlička soli
- 1 čajna žlička vanilijevega ekstrakta
- 1 skodelica sladkorja v prahu
- 1 čajna žlička mleka
- ½ skodelice nabora užitnih cvetov

**NAVODILA:**
a) Med in sivko postavite v majhen lonec na močan ogenj. Zavremo, nato odstavimo z ognja in pokrijemo eno uro. Odstranite sivko in jo zavrzite.
b) Pečico segrejte na 350 stopinj in namastite ali namastite pekač Bundt s 4 skodelicami.
c) V mešalniku stepite maslo, med in sladkor, dokler ne postanejo rahli in puhasti.
d) Dodajte jajca enega za drugim, med vsakim dodatkom jih popolnoma vmešajte.
e) Zmešajte Pamela's All-Purpose Flour Artisan Blend in sol, dokler ni dobro združena.
f) Vmešajte vanilijev ekstrakt.
g) Pečemo 45 minut – 1 uro oziroma dokler zobotrebec, ki ga zapičimo, ne izstopi čist.
h) Za pripravo glazure mleko stepemo s sladkorjem v prahu. Moralo bi biti zelo gosto, vendar še vedno sposobno preliti. Po potrebi dodajte še mleko.
i) Z glazuro prelijemo popolnoma ohlajeno torto, ki jo pred serviranjem obložimo z jedilnimi cvetovi.

## 28.Kokosova torta s hibiskusovo glazuro

**SESTAVINE:**
**KOKOSOVA TORTA:**
- 1 skodelica kokosovega olja
- 2 skodelici surovega sladkorja, pulznega
- 3 skodelice + 2 žlici nebeljene večnamenske moke
- 1 čajna žlička sode bikarbone
- 4 srednje do velika jajca
- 1 žlica kokosovega ekstrakta
- 2 žlički vanilijevega ekstrakta
- 1 ½ čajne žličke fine morske soli
- 1 ½ skodelice kokosovega mleka
- Sprej za kuhanje ali peko (za premaz pekača)

**HIBISKUSA :**
- ¼ skodelice posušenih cvetov hibiskusa
- ½ skodelice vode
- 1 skodelica + slaščičarski sladkor

**PREPROSTI SIRUP:**
- ¾ skodelice surovega sladkorja
- ⅔ skodelice vode
- 2 žlički vanilijeve paste ali ekstrakta
- ¼ čajne žličke fine morske soli

**NAVODILA:**
**PRIPRAVA TORTE:**
a) Rešetko za pečico postavite v tretji nivo pečice. Pečico segrejte na 325°F. Ponev Bundt temeljito poškropite s pršilom za kuhanje ali peko.
b) Kokosovo olje in sladkor mešajte v stoječem mešalniku z nastavkom za stepanje 5 minut pri srednji hitrosti.
c) V srednje veliki skledi zmešajte moko in sodo bikarbono.
d) Pri delujočem mešalniku dodajte jajca eno za drugo. Dodajte kokosov ekstrakt, vanilijo in sol. Na kratko premešamo.
e) Ustavite mešalnik, dodajte ⅓ mešanice moke in na kratko premešajte. Prilijemo polovico kokosovega mleka in še malo premešamo. Postopek ponovite s ⅓ mešanice moke in preostalim

kokosovim mlekom ter zaključite s preostalo mešanico moke. Mešajte, dokler se dobro ne poveže.
f) Testo prenesite v pripravljen pekač Bundt.
g) Pečemo 50 minut, nato zvišamo temperaturo pečice na 350°F in pečemo dodatnih 5 do 10 minut. Pripravljenost preverite z zobotrebcem.
h) Pustite, da se nekaj minut ohladi, tortno dno preluknjajte in skozenj namažite polovico preprostega sirupa. Počakajte 10 do 15 minut, torto obrnite na krožnik, na vrhu naredite več luknjic in s čopičem premažite s preostalim sirupom vrh in stranice torte. Pustite počivati dodatnih 10 minut.

**IZDELAVA GLAZURE ZA HIBISKUS:**
i) V majhno ponev dajte posušene cvetove hibiskusa in vodo. Kuhajte 20 do 25 minut, dokler se voda ne zmanjša na približno ¼ skodelice.
j) Odstranite z ognja, tekočino precedite v srednje veliko skledo.
k) V tekočino v majhnih količinah dodajte sladkor in stepajte, dokler ne ostanejo grudice. Konsistenco prilagodite z več vode ali kokosovega mleka za bolj tekočo glazuro ali več sladkorja za gostejšo. Prelijemo po vrhu torte.

**ZA PRIPRAVO PREPROSTEGA SIRUPA:**
l) Vse sestavine zmešajte v majhni kozici in zavrite.
m) Znižajte ogenj, da zavre in kuhajte 2 minuti.
n) Premešajte in kuhajte dodatni 2 minuti.
o) Odstranite z ognja in pustite, da se malo ohladi, preden premažete torto.

## 29. Torta Magnolia Caramel Bundt

## SESTAVINE:
**TORTA MAGNOLIJA:**
- ⅔ skodelice mandljevega mleka
- 1 skodelica cvetnih listov magnolije
- 1 ½ skodelice moke brez glutena (enaki deli škroba tapioke in bele riževe moke ter 1 čajna žlička ksantanskega gumija na vsake 4 skodelice)
- 1 ½ skodelice mandljeve moke
- ¼ čajne žličke mletega posušenega ingverja
- ⅔ skodelice masla brez mleka, pri sobni temperaturi
- 1 čajna žlička sladkega čičerikinega misa
- 1 ½ skodelice granuliranega sladkorja
- 2 žlički pecilnega praška
- 1 žlica paste iz stroka vanilije
- 5 velikih jajc, pri sobni temperaturi

**KANDIRANE TEPALE:**
- 16 cvetnih listov magnolije
- 1 beljak
- 1 čajna žlička vodke
- Kristalni sladkor

**GLAZURA:**
- ½ skodelice masla brez mleka, pri sobni temperaturi
- ¾ skodelice rjavega sladkorja
- 3 žlice mandljevega mleka
- 2 skodelici sladkorja v prahu

**NAVODILA:**

a) Pečico segrejte na 325°F. Temeljito namastite pekač z 10 skodelicami.
b) V mešalniku zmešajte mandljevo mleko in cvetove magnolije do gladkega. Dati na stran.
c) V srednji skledi zmešajte moko brez glutena, mandljevo moko in mlet posušen ingver.
d) V drugi skledi stepite maslo brez mlečnih izdelkov in miso. Dodajte pecilni prašek, vanilijo in granulirani sladkor; stepajte, dokler ni gladko in puhasto. Dodajte jajca eno za drugo, po vsakem dodajanju dobro stepite.
e) Dodajte ⅓ mešanice moke, stepajte, dokler se ne združi, nato dodajte polovico magnolijinega mleka in stepajte, dokler se ne združi. Nadaljujte izmenično, začnite in končajte z mešanico moke. Prepričajte se, da je vse dobro premešano, preden testo vlijete v pekač.
f) Pečemo 50-60 minut, tik čez točko, kjer zabodeni zobotrebec pride ven čist. (Notranja temperatura mora biti 210 °F ali nekoliko višja)

**NAREDITE KANDIRANE TEPALE MAGNOLIJE**

g) Beljak stepemo z vodko do gladkega. S čistim čopičem pobarvajte obe strani cvetnice magnolije z mešanico, jo pritisnite na krožnik sladkorja, obrnite in pritisnite drugo stran, da jo premažete. Ponovite s preostalimi cvetnimi listi.
h) Pustite, da se torta ohladi v pekaču 15 minut, preden jo obrnete na rešetko, da se popolnoma ohladi.
i) Med ohlajanjem torte naredite glazuro. V ponvi na majhnem ognju zavrite vegansko maslo, rjavi sladkor in mandljevo mleko. Mešajte, dokler se rjavi sladkor ne raztopi. Odstranite z ognja in dodajte sladkor v prahu skodelico za skodelico, dobro mešajte, dokler ni gladka, tako da dosežete konsistenco "roseče".
j) Še topel kolač prelijemo z glazuro in jo enakomerno razmažemo. Na torto položite kandirane cvetne liste magnolije, ko je glazura še topla, saj se bo strdila, ko se ohladi.

## 30.Torta češnjev cvet

## SESTAVINE:
**SAKURA POSOPIS:**
- 1 večji beljak
- 2 ¼ skodelice organskega sladkorja v prahu (282 g)
- 1 čajna žlička čistega vanilijevega ekstrakta
- 1 čajna žlička izvlečka sakure (lahko nadomestite z rožno vodo ali pomarančnimi cvetovi)
- 1-2 žlički vode, po potrebi
- Gel barvilo za živila: različni odtenki roza

**KONFETNA TORTA ČEŠNJEV CVET:**
- 1 skodelica nesoljenega masla, zmehčanega (226 g)
- 2 skodelici granuliranega sladkorja (400 g)
- ⅓ skodelice rafiniranega kokosovega olja (72 g)
- 2 žlički čistega vanilijevega ekstrakta
- 2 čajni žlički izvlečka sakure (lahko nadomestite z rožno vodo ali pomarančnimi cvetovi)
- 1 čajna žlička fine morske soli
- 2 žlički pecilnega praška
- 4 veliki beljaki, sobne temperature
- 360 g moke za torte (približno 3 skodelice, moko stresemo in stresemo v merilno skodelico ter skodelico poravnamo)
- 1 skodelica Sakura posipa (od zgoraj)

**ROZA SAKURA GLAZURA:**
- 1 skodelica sladkorja v prahu (113 g)
- 1-2 žlici soka rdeče pomaranče ali zamrznjenega malinovega pireja (odstranjenih pečk)
- 1 čajna žlička izvlečka sakure

## NAVODILA:
**SAKURA POSOPIS:**
a) Namastite tri pekače za piškote in jih obložite s peki papirjem. Pripravite cevno vrečko, opremljeno s cevno konico z dvema luknjama; vrečko odprite do polovice in jo obrnjeno položite v prazno skodelico.
b) Stepite beljak, sladkor v prahu, vanilijo in ekstrakt sakure. Prilagodite konsistenco z vodo, dokler ni podobna "lepilu".

c) Pasto razdelite v tri sklede in vsako obarvajte z drugačnim odtenkom roza. Na pole za piškote nanesite trakove paste, začnite z najsvetlejšo rožnato in pojdite do najtemnejše. Pustite, da se posuši čez noč.
d) Naslednji dan strjene palčke nalomimo na majhne koščke. Postavite na stran, dokler ni pripravljen za uporabo.

**KONFETNA TORTA ČEŠNJEV CVET:**
e) Pečico segrejte na 350°F. Pekač z 10 skodelicami namažite s pršilom za peko.
f) V stojnem mešalniku penasto stepite maslo, kokosovo olje, sol, sladkor, izvlečke in pecilni prašek (vsaj pet minut).
g) Enega za drugim dodajte beljake, po vsakem dodajanju dobro stepite. Stepajte še nekaj minut, potem ko so vgrajena vsa jajca.
h) Na testo presejemo tortno moko in jo vmešamo z gumijasto lopatico. Med vklopljenim mešalnikom vlijemo kefir in stepamo, dokler se popolnoma ne združi.
i) Z gumijasto lopatico zložite sakura posipe. Testo vlijemo v pekač in pečemo približno 45 minut ali dokler se sredica ne dvigne nazaj, ko pritisnemo.
j) Pustite, da se kolač ohladi v pekaču 5-10 minut, nato pa ga obrnite na krožnik, da se popolnoma ohladi.

**ROZA SAKURA GLAZURA:**
k) Zmešajte vse sestavine za glazuro, da nastane pasta. Prilagodite gostoto s sokom.
l) Z glazuro prelijemo ohlajeno torto. Dodajte preostale posipe na vrh.
m) Torto hranite v nepredušni posodi na sobni temperaturi do 3 dni za optimalno svežino. Uživajte v nežnih okusih in osupljivem videzu te torte Cherry Blossom Bundt!

# 31. Torta z limoninim ingverjem

**SESTAVINE:**
**ZA TORTO:**
- 2 ½ skodelice moke
- ½ čajne žličke sode bikarbone
- ½ čajne žličke pecilnega praška
- 1 čajna žlička soli
- 1 skodelica masla, pri sobni temperaturi
- 1 ½ skodelice sladkorja
- 1 skodelica rikote
- 2 žlici limonine lupinice (iz približno dveh limon)
- 2 žlici sveže naribanega ingverja (ali 4 žlice mletega ingverja)
- 4 jajca, pri sobni temperaturi
- ½ skodelice limoninega soka (od približno 1 ½ limone)

**ZA GLAZURO:**
- 2 skodelici sladkorja v prahu, presejanega
- 1 žlica limonine lupinice
- 4 žlice limoninega soka

**NAVODILA:**

a) Pečico segrejte na 350 stopinj. Pekač z 10 skodelicami temeljito namastite z maslom in moko.

b) V srednji skledi zmešajte moko, sodo bikarbono, pecilni prašek in sol. Če uporabljate mleti ingver, ga na tej točki dodajte mešanici moke.

c) V veliki skledi z ročnim ali električnim mešalnikom stepemo maslo, dokler ni kremasto in gladko. Postopoma dodajamo sladkor in stepamo na srednji hitrosti, da postane puhasto.

d) Dodajte rikoto, limonino lupinico in nariban ingver. Stepajte, dokler se ne združi; morda je videti nekoliko ločeno, vendar je to v redu.

e) Eno za drugim dodajte jajca in stepajte, dokler rumenjaki ne izginejo.

f) Med mešanjem na nizki hitrosti dodajajte mešanico moke izmenično z limoninim sokom, začnite in končajte z moko.

g) Maso z žlico vlijemo v pripravljen pekač za torte in po vrhu zgladimo z lopatko. Nekajkrat močno potrkajte po ponvi, da zmanjšate mehurčke.

h) Pecite 40-45 minut oziroma dokler zobotrebec, ki ga zapičite, ne izstopi čist. Pustite, da se torta ohladi v pekaču na rešetki 10-20 minut. Pekač nežno stresite, da se zrahlja, nato ga obrnite na rešetko in pustite, da se popolnoma ohladi.

i) Vmes pripravimo glazuro. V srednje veliki skledi zmešajte sladkor v prahu, limonino lupinico in limonin sok, dokler ni gladka.

j) Ohlajeno torto prelijemo z glazuro in pustimo, da se strdi. Uživajte!

## 32.Rose pistacija Bundt torta

## SESTAVINE:
- 2 1/2 skodelice večnamenske moke
- 1/2 čajne žličke pecilnega praška
- 1/2 čajne žličke sode bikarbone
- 1/4 čajne žličke soli
- 1 skodelica nesoljenega masla, sobne temperature
- 2 skodelici granuliranega sladkorja
- 4 jajca
- 1 čajna žlička vanilijevega ekstrakta
- 1 čajna žlička rožne vode
- 1 skodelica pinjenca
- 1 skodelica pistacij, drobno sesekljanih
- 2 žlici posušenih cvetnih listov vrtnice (užitne)

## GLAZURA:
- 1 skodelica sladkorja v prahu
- 2-3 žlice mleka
- 1/2 čajne žličke rožne vode
- Zdrobljene pistacije in cvetni listi vrtnic za okras

## NAVODILA:
a) Pečico segrejte na 350°F (175°C). Namastite in pomokajte pekač.
b) Zmešajte moko, pecilni prašek, sodo bikarbono in sol.
c) Maslo in sladkor stepamo, dokler ne postanejo rahli in puhasti. Dodajte jajca, eno za drugim, nato vmešajte vanilijo in rožno vodo. Izmenično dodajte suhe sestavine in pinjenec, začnite in končajte s suhimi sestavinami. Zložite pistacije.
d) Testo vlijemo v pripravljen pekač. Po testu potresemo cvetne liste vrtnic in nežno premešamo z nabodalom, da ustvarimo učinek marmoriranja.
e) Pečemo 50-60 minut oziroma dokler zobotrebec, ki ga zapičimo, ne izstopi čist. Ohladite v ponvi 10 minut, nato pa obrnite na rešetko, da se popolnoma ohladi.
f) Za glazuro zmešajte sladkor v prahu, mleko in rožno vodo do gladkega. Ohlajeno torto pokapljamo in okrasimo z zdrobljenimi pistacijami in cvetnimi listi vrtnice.

## 33. Earl Grey Tea Bundt Torta

**SESTAVINE:**
- 3 skodelice večnamenske moke
- 1 čajna žlička pecilnega praška
- 1/2 čajne žličke sode bikarbone
- 1/2 čajne žličke soli
- 1 skodelica nesoljenega masla, zmehčanega
- 2 skodelici granuliranega sladkorja
- 4 jajca
- 2 žlici čajnih listov Earl Grey (fino mletih)
- 1 čajna žlička vanilijevega ekstrakta
- 1 skodelica mleka

**GLAZURA:**
- 1 skodelica sladkorja v prahu
- 2-3 žlice kuhanega čaja Earl Grey (ohlajenega)

**NAVODILA:**
a) Pečico segrejte na 350°F (175°C). Namastite in pomokajte pekač.
b) Zmešajte moko, pecilni prašek, sodo bikarbono in sol. Dati na stran.
c) Maslo in sladkor stepamo, dokler ne postanejo rahli in puhasti. Dodajte jajca, enega za drugim, nato vanilijo. Zmešajte zmlete čajne liste.
d) V testo izmenično dodajajte suhe sestavine in mleko, začnite in končajte s suhimi sestavinami.
e) Testo vlijemo v pripravljen pekač. Pečemo 55-65 minut ali dokler zobotrebec ne izstopi čist. Ohladite v ponvi, nato pa obrnite na rešetko.
f) Za glazuro stepemo sladkor v prahu s kuhanim čajem do gladkega. Pokapljamo po ohlajeni torti.

## 34.Torta z mandljevim pomarančnim cvetom

## SESTAVINE:

- 2 3/4 skodelice večnamenske moke
- 1 čajna žlička pecilnega praška
- 1/2 čajne žličke sode bikarbone
- 1/4 čajne žličke soli
- 1 skodelica nesoljenega masla, zmehčanega
- 2 skodelici granuliranega sladkorja
- 5 jajc
- 2 žlički vode pomarančnih cvetov
- Lupina 1 pomaranče
- 1 skodelica kisle smetane
- 1 skodelica mandljeve moke

## GLAZURA:

- 1 skodelica sladkorja v prahu
- 3-4 žlice pomarančnega soka
- 1/2 čajne žličke vode pomarančnih cvetov

## NAVODILA:

a) Pečico segrejte na 350°F (175°C). Namastite in pomokajte pekač.
b) Zmešajte večnamensko moko, pecilni prašek, sodo bikarbono in sol.
c) Maslo in sladkor penasto stepemo. Dodajte jajca, eno za drugim, nato vodo pomarančnih cvetov in lupinico. Izmenično vmešajte suhe sestavine in kislo smetano, začnite in končajte s suhimi sestavinami. Vmešajte mandljevo moko.
d) Nalijte v bundt pekač. Pecite 60-70 minut ali dokler tester ne pride ven čist. Ohladite, nato obrnite na rešetko.
e) Za glazuro zmešamo sladkor v prahu, pomarančni sok in vodo pomarančnih cvetov. Po potrebi prilagodite gostoto z več soka ali sladkorja. Pokapljamo po torti.

## 35.Bundt torta iz žajblja in citrusov

**SESTAVINE:**
- 3 skodelice večnamenske moke
- 2 žlički pecilnega praška
- 1/2 čajne žličke sode bikarbone
- 1/2 čajne žličke soli
- 1 skodelica nesoljenega masla, sobne temperature
- 2 skodelici granuliranega sladkorja
- 4 jajca
- 1 žlica svežega žajblja, drobno sesekljanega
- 2 žlici citrusove lupinice (mešanica limone, limete in pomaranče)
- 1 skodelica pinjenca
- Sok 1 limone

**GLAZURA:**
- 1 skodelica sladkorja v prahu
- 2 žlici soka citrusov (mešanica limone, limete in pomaranče)
- Listi žajblja za okras

**NAVODILA:**
a) Pečico segrejte na 350°F (175°C). Namastite in pomokajte pekač.
b) Zmešajte moko, pecilni prašek, sodo bikarbono in sol.
c) V veliki skledi stepamo maslo in sladkor, dokler ne postanejo rahli in puhasti. Eno za drugim stepemo jajca, nato primešamo žajbelj in lupinico citrusov. V testo izmenično dodajajte suhe sestavine in pinjenec, začnite in končajte s suhimi sestavinami. Vmešajte limonin sok.
d) Testo vlijemo v pripravljen pekač. Pecite 55-65 minut, dokler zobotrebec, ki ga zapičite, ne izstopi čist. Pustite, da se ohladi, nato obrnite na stojalo.
e) Za glazuro stepite sladkor v prahu in sok citrusov do gladkega. Ohlajeno torto pokapamo in okrasimo z listi žajblja.

## 36. Torta s kardamomom in hruškami

## SESTAVINE:
- 3 skodelice večnamenske moke
- 1 čajna žlička pecilnega praška
- 1/2 čajne žličke sode bikarbone
- 1/4 čajne žličke soli
- 2 žlički mletega kardamoma
- 1 skodelica nesoljenega masla, sobne temperature
- 2 skodelici granuliranega sladkorja
- 4 jajca
- 1 čajna žlička vanilijevega ekstrakta
- 1 skodelica kisle smetane
- 2 hruški, olupljeni, očiščeni in narezani na kocke

## GLAZURA:
- 1 skodelica sladkorja v prahu
- 2-3 žlice mleka
- 1/2 čajne žličke vanilijevega ekstrakta

## NAVODILA:
a) Pečico segrejte na 350°F (175°C). Namastite in pomokajte pekač.
b) V skledi zmešajte moko, pecilni prašek, sodo bikarbono, sol in kardamom.
c) V veliki skledi stepite maslo in sladkor, dokler ne postanejo rahli in puhasti. Stepite jajca, eno za drugim, nato vmešajte vanilijo. Postopoma dodajajte mešanico moke, izmenično s kislo smetano, začnite in končajte z moko. Zložimo na kocke narezane hruške.
d) Testo vlijemo v pripravljen pekač. Pecite 60-70 minut oziroma dokler zobotrebec, ki ga zapičite, ne izstopi čist. Ohladite v ponvi 10 minut, nato pa obrnite na rešetko, da se popolnoma ohladi.
e) Za glazuro zmešajte sladkor v prahu, mleko in vanilijo do gladkega. Pokapljamo po ohlajeni torti.

## 37.Torta s timijanom in medeno breskovo

**SESTAVINE:**
- 3 skodelice večnamenske moke
- 1 čajna žlička pecilnega praška
- 1/2 čajne žličke sode bikarbone
- 1/4 čajne žličke soli
- 1 skodelica nesoljenega masla, zmehčanega
- 1 1/2 skodelice granuliranega sladkorja
- 1/2 skodelice medu
- 4 jajca
- 2 žlički svežih listov timijana
- 1 čajna žlička vanilijevega ekstrakta
- 1 skodelica grškega jogurta
- 2 breskvi, olupljeni in narezani na kocke

**GLAZURA:**
- 1 skodelica sladkorja v prahu
- 2 žlici breskovega soka ali mleka
- 1 žlica medu

**NAVODILA:**
a) Pečico segrejte na 350°F (175°C). Namastite in pomokajte pekač.
b) Zmešajte moko, pecilni prašek, sodo bikarbono in sol.
c) V veliki skledi penasto zmešajte maslo, sladkor in med. Eno za drugim stepemo jajca, nato dodamo timijan in vanilijo. Izmenično vmešamo suhe sestavine in grški jogurt. Zložimo na kocke narezane breskve.
d) Vlijemo v pripravljen pekač. Pečemo 55-65 minut ali dokler zobotrebec ne izstopi čist. Ohladite v pekaču, nato obrnite na rešetko.
e) Za glazuro zmešajte sladkor v prahu, breskov sok ali mleko in med. Po potrebi prilagodite konsistenco. Pokapljamo po torti.

## 38.Bundt torta z zelenim čajem jasmina

**SESTAVINE:**
- 3 skodelice večnamenske moke
- 1 1/2 žličke pecilnega praška
- 1/2 čajne žličke sode bikarbone
- 1/4 čajne žličke soli
- 1 skodelica nesoljenega masla, sobne temperature
- 2 skodelici granuliranega sladkorja
- 4 jajca
- 2 žlici jasminovih listov zelenega čaja (fino mletih)
- 1 čajna žlička vanilijevega ekstrakta
- 1 skodelica pinjenca

**GLAZURA:**
- 1 skodelica sladkorja v prahu
- 2-3 žlice kuhanega jasminovega zelenega čaja (ohlajenega)

**NAVODILA:**
a) Pečico segrejte na 350°F (175°C). Namastite in pomokajte pekač.
b) Zmešajte moko, pecilni prašek, sodo bikarbono in sol.
c) V veliki skledi stepite maslo in sladkor, dokler ne postanejo rahli in puhasti. Dodajte jajca, eno za drugim, nato vmešajte mlete čajne liste in vanilijo. Izmenično dodajte suhe sestavine in pinjenec, začnite in končajte s suhimi sestavinami.
d) Testo vlijemo v pekač. Pečemo 55-65 minut ali dokler zobotrebec ne izstopi čist. Pustite, da se ohladi v pekaču, nato pa ga obrnite na rešetko.
e) Za glazuro stepemo sladkor v prahu s kuhanim čajem do gladkega. Ohlajeno torto pokapamo in pustimo, da se strdi, preden jo postrežemo.

# TORTE Z OREŠČKI

## 39.Praline Bundt torta

**SESTAVINE:**
- 3 skodelice večnamenske moke
- 1 čajna žlička sode bikarbone
- 1 čajna žlička košer soli
- 1½ skodelice rjavega sladkorja
- 1½ skodelice granuliranega sladkorja
- 1½ skodelice (3 palčke) nesoljenega masla, pri sobni temperaturi
- 5 velikih jajc
- 1 skodelica pinjenca
- 1 žlica vanilijevega ekstrakta

**ZA glazuro:**
- 5 žlic nesoljenega masla
- 1 skodelica rjavega sladkorja
- 1¼ skodelice sladkorja v prahu
- ¼ skodelice evaporiranega mleka
- 1 čajna žlička vanilijevega ekstrakta
- 1 skodelica sesekljanih pekanov

**NAVODILA:**

a) Pečico segrejte na 325 stopinj F. Veliko ponev Bundt popršite s pršilom za kuhanje proti prijemanju.
b) V veliko posodo za mešanje skupaj presejte moko, sodo bikarbono in sol. Nastavite na stran.
c) V ločeni veliki skledi zmešajte sladkorje in nesoljeno maslo. Mešajte, dokler ni lepo kremasto, nato pa eno za drugim začnite dodajati jajca. Mešajte, dokler se dobro ne poveže.
d) Izmenično dodajajte pinjenec in suhe sestavine v skledo z mešanico masla in jajc, dokler ni vse skupaj. Mešajte pri nizki hitrosti. Nato dodajte vanilijo in jo vmešajte v testo.
e) Testo za torto vlijemo v pripravljen pekač in pretresemo, da se znebimo morebitnih zračnih žepov. Torto pečemo 1 uro do 1 uro in 15 minut, dokler ni zlato rjava. Odstranite iz pečice in pustite, da se ohladi v pekaču 20 minut, preden torto odstranite iz pekača.
f) Za pripravo glazure stopite maslo v srednje veliki ponvi na srednje močnem ognju. Dodajte rjavi sladkor in sladkor v prahu. Prilijemo evaporirano mleko in premešamo. Pustite brbotati 2 minuti, nato izklopite ogenj. Dodajte vanilijo in potresite pekan orehe. Zmešajte sestavine in pustite stati 20 minut.
g) Pekan glazuro prelijte po torti in torto pustite stati vsaj 30 minut, preden jo postrežete.

## 40.Bundt torta z arašidovim maslom in želejem

**SESTAVINE:**
- 2½ skodelice večnamenske moke
- 1½ čajne žličke pecilnega praška
- 1 čajna žlička sode bikarbone
- ½ čajne žličke soli
- ½ skodelice nesoljenega masla; pri sobni temperaturi
- 2 skodelici sladkorja
- ¼ skodelice Chunky-style arašidovega masla
- 2 čajni žlički ekstrakta vanilije
- 3 velika jajca
- 1 skodelica mlečne kisle smetane
- ½ skodelice grozdnega želeja

**NAVODILA:**
a) Pečico segrejte na 350 stopinj. Rešetko za peko postavite v spodnjo tretjino pečice. Zmešajte moko, pecilni prašek, sodo bikarbono in sol; dati na stran.
b) V veliki skledi električnega mešalnika stepite maslo in sladkor skupaj, dokler ne postaneta rahla in puhasta.
c) Dodajte arašidovo maslo in vanilijo ter stepajte, dokler se dobro ne združita. Dodajte jajca, enega za drugim, stepajte, dokler se ne vključijo.
d) Stepite kislo smetano. Zmanjšajte mešalnik na najnižjo hitrost in postopoma dodajte mešanico moke, mešajte, dokler se ne zmeša.
e) Polovico testa (približno 3 skodelice) z žlico stresite v namaščen Bundt pekač z 12 skodelicami.
f) Na testo nanesite 3 T. želeja, pri čemer se izogibajte robov pekača. Z nabodalom ali nožem s tankim rezilom delno vmešajte žele v testo. Preostalo testo z žlico stresite v ponev in v testo vmešajte preostali žele.
g) Pecite 1 uro ali dokler lesen kramp, vstavljen v sredino, ne izstopi čist.
h) Pustite, da se torta ohladi v pekaču 10 minut, nato pa jo obrnite na rešetko.
i) Postrezite toplo ali pri sobni temperaturi.

# 41. Javorjeva orehova torta Streusel Bundt

**SESTAVINE:**
**ZA TORTO:**
- 1 škatla rumene mešanice za torte
- ½ skodelice nesoljenega masla, stopljenega
- 1 skodelica kisle smetane
- ½ skodelice čistega javorjevega sirupa
- 3 velika jajca
- 1 čajna žlička vanilijevega ekstrakta

**ZA STREUSEL PRELIV:**
- ½ skodelice večnamenske moke
- ¼ skodelice granuliranega sladkorja
- ¼ skodelice nesoljenega masla, hladnega in narezanega na kocke
- ½ skodelice sesekljanih orehov

**NAVODILA:**
a) Pečico segrejte na 350 °F (175 °C) in izdatno namastite pekač za torto.
b) V veliki posodi za mešanje zmešajte rumeno mešanico za torte, stopljeno maslo, kislo smetano, javorjev sirup, jajca in ekstrakt vanilije. Mešajte, dokler ni dobro združena in gladka.
c) Polovico testa vlijemo v pripravljen pekač za torte in ga enakomerno razporedimo.
d) Za pripravo streusel preliva v ločeni skledi zmešajte večnamensko moko in kristalni sladkor. Dodajte hladno narezano maslo in ga z vilicami ali rezalnikom za pecivo vmešajte, dokler ne postane drobtinasto. Vmešamo sesekljane orehe.
e) Polovico streusel preliva potresemo po testu za torto v pekaču.
f) Preostalo tortno maso vlijemo čez streusel plast in jo enakomerno razporedimo.
g) Prelijte s preostalo mešanico streusel.
h) Torto pecite 45-50 minut oziroma dokler zobotrebec, ki ga zapičite v sredino, ne izstopi čist.
i) Pustite, da se torta ohlaja v pekaču približno 15 minut, preden jo prestavite na rešetko, da se popolnoma ohladi.

## 42.Nutty Banoffee Bundt torta

## SESTAVINE:

- 1 paket mešanice za kolače in mafine Krusteaz Cinnamon Vrtinec Crumb
- 1 jajce
- ⅔ skodelice vode
- 1 čajna žlička ekstrakta vanilije
- ½ skodelice sesekljanih pekanov
- ¼ skodelice karamele
- 2 zreli banani, pretlačeni v pire
- ¼ skodelice karamelne omake
- Sprej za kuhanje

## NAVODILA:

a) Pečico segrejte na 350°F. Pekač s 6 skodelicami rahlo namastite s pršilom za kuhanje.
b) V skledi zmešajte mešanico za torte, jajce, vodo, vanilijev ekstrakt, ¼ skodelice sesekljanih orehov orehov, koščke karamele in pretlačene banane, dokler se ne mešajo. Testo bo rahlo grudasto.
c) Polovico testa z žlico vlijemo v pripravljen pekač in ga enakomerno razporedimo. Polovico cimetovega preliva potresemo po testu. Preostalo maso po žličkah nalivamo na vrhnjo plast in jo razporedimo do roba pekača. Preostali preliv enakomerno potresemo po testu.
d) Pecite v predhodno ogreti pečici 40-45 minut oziroma dokler zobotrebec, ki ga zapičite v sredino, ne izstopi čist.
e) Torto hladimo 5-10 minut. Z nožem za maslo zrahljajte robove torte iz pekača in jo previdno obrnite na servirni krožnik.
f) Torto pokapljajte s karamelno omako in okrasite s preostalimi sesekljanimi pekani.

## 43. Glazirana mandljeva torta

**SESTAVINE:**
**ZA TORTO:**
- 2 ½ skodelice večnamenske moke
- ½ skodelice mletih mandljev
- 2 žlički pecilnega praška
- ½ čajne žličke soli
- 1 skodelica masla, zmehčano
- 2 skodelici belega sladkorja
- 4 jajca
- 1 ⅔ čajne žličke vanilijevega ekstrakta
- 1 ½ čajne žličke mandljevega ekstrakta
- 1 skodelica mleka

**ZA GLAZURO:**
- ¼ skodelice mleka
- ¾ skodelice belega sladkorja
- ½ čajne žličke mandljevega ekstrakta
- ½ skodelice narezanih mandljev

**NAVODILA:**
a) Pečico segrejte na 350 stopinj F (175 stopinj C). Namastite in pomokajte 10-palčni pekač Bundt.
b) V skledi zmešamo moko, mlete mandlje, pecilni prašek in sol.
c) V veliki skledi stepamo maslo in sladkor, dokler ne postanejo rahli in puhasti.
d) Eno za drugim stepemo jajca, nato vmešamo vanilijev in mandljev ekstrakt.
e) Izmenično stepajte mešanico moke z mlekom in mešajte le toliko časa, da se meša.
f) Testo vlijemo v pripravljen pekač Bundt. Pecite v predhodno ogreti pečici 60 do 70 minut oziroma dokler zobotrebec, ki ga zapičite v sredino torte, ne izstopi čist.
g) Ohladite 10 minut, nato obrnite na rešetko in ohlajajte še 10 minut.
h) Medtem pripravite **GLAZURO:** V skledi zmešajte mleko, sladkor, mandljev ekstrakt in narezane mandlje.
i) Rešetko in torto položite na list povoščenega papirja. Še topel kolač prelijemo z glazuro.

## 44.Pistacija Bundt torta

**SESTAVINE:**
**ZA PISTACIJEVO TORTO:**
- 2 ½ skodelice (312 g) večnamenske moke
- 2 žlički pecilnega praška
- ½ čajne žličke soli
- ½ skodelice oluščenih in zmletih pistacij
- 1 skodelica (226 g) nesoljenega masla, sobne temperature
- 2 skodelici (400 g) granuliranega sladkorja
- 4 velika jajca sobne temperature
- 2 čajni žlički izvlečka pistacije (glejte opombe)
- 1 čajna žlička vanilijevega ekstrakta
- 1 skodelica (240 ml) polnomastnega mleka, sobne temperature

**ZA VANILIJEVO GLAS:**
- 1 ½ skodelice (180 g) slaščičarskega sladkorja, presejanega
- 1-2 žlici mleka
- 1 čajna žlička čistega vanilijevega ekstrakta
- ½ skodelice oluščenih pistacij, za okras

**NAVODILA:**
a) Pečico segrejte na 350 ° F. Namastite in pomokajte 10-palčni pekač.
b) Zmešajte moko, pecilni prašek, sol in mlete pistacije. Dati na stran.
c) V skledi stojnega mešalnika (ali z ročnim mešalnikom) zmešajte maslo in sladkor, dokler ne postane svetlo in kremasto, približno 2 minuti.
d) Dodajte jajca eno za drugo, po vsakem dodajanju dobro stepite. Po potrebi postrgajte stranice in dno posode. Zmešajte ekstrakt pistacije in ekstrakt vanilije.
e) Izmenično dodajajte mešanico moke in mleka, zaključite in končajte z mešanico moke. Ne premešajte.

**PEKA TORTO:**
f) Testo vlijemo v pripravljen pekač. Pecite pri 350 °F 60 do 70 minut ali dokler zobotrebec, zaboden v sredino torte, ne izstopi čist. Ohladite v pekaču 10 minut, nato obrnite na rešetko, da se popolnoma ohladi.

**NAREDITE GLAS:**
g) Slaščičarski sladkor, mleko in ekstrakt vanilije stepemo. Prelijemo čez ohlajeno torto in okrasimo z oluščenimi pistacijami.
h) Ko se glazura strdi, narežite in postrezite to okusno torto s pistacijami.

## 45.Pecan pita Bundt torta

**SESTAVINE:**
**ZA TORTO:**
- 2 žlici masla
- 1 skodelica drobno sesekljanih pekanov
- 1 skodelica nesoljenega masla, zmehčanega
- 1 ¾ skodelice granuliranega sladkorja
- 1 žlica vanilijevega ekstrakta
- 4 velika jajca
- 2 skodelici večnamenske moke
- 1 čajna žlička pecilnega praška
- ¾ skodelice medu iz pomarančnih cvetov
- ½ skodelice polnomastnega pinjenca

**ZA DEŽEK:**
- ½ skodelice trdno pakiranega svetlo rjavega sladkorja
- ¼ skodelice nesoljenega masla
- 2 žlici smetane za kavo (zaželen je okus lešnika)
- Ščepec soli

**NAVODILA:**
a) Pečico segrejte na 325°F.

**ZA TORTO:**
b) Pekač Kugelhopf Bundt z 10 skodelicami namastite z maslom. Pekane potresemo v ponev in ponev zavrtimo, da se prekrije. Preostale pekane pustite na dnu ponve, da zagotovite enakomerno porazdelitev.
c) S stojnim mešalnikom pri srednji hitrosti stepajte maslo, sladkor in vanilijo, dokler ne postane puhasto, približno 4 do 5 minut, pri čemer se ustavite, da strgate stene posode.
d) Dodajte jajca eno za drugo, po vsakem dodajanju dobro stepite.
e) V srednji skledi zmešajte moko in pecilni prašek. V majhni posodi zmešajte med in pinjenec.
f) Postopoma dodajajte mešanico moke masleni mešanici izmenično z mešanico pinjenca, začnite in končajte z mešanico moke. Po vsakem dodatku stepajte, dokler se ne združi.
g) Maso z žlico vlijemo v pripravljen pekač.
h) Pecite, dokler lesen kramp, vstavljen blizu sredine, ne izstopi z nekaj vlažnimi drobtinami, približno 1 uro.
i) Pustite, da se torta 10 minut hladi v pekaču. Torto obrnite na rešetko in pustite, da se ohladi še dodatnih 30 minut.

**ZA DEŽEK:**
j) V majhni kozici zavrite rjavi sladkor, maslo, smetano za kavo in sol.
k) Odstavite z ognja in mešanico počasi pokapljajte po toplem kolaču.

# 46. Lešnikova čokoladna vrtljiva torta

**SESTAVINE:**
- 2 1/2 skodelice večnamenske moke
- 1/2 čajne žličke pecilnega praška
- 1/2 čajne žličke sode bikarbone
- 1/4 čajne žličke soli
- 1 skodelica nesoljenega masla, sobne temperature
- 2 skodelici granuliranega sladkorja
- 4 jajca
- 1 čajna žlička vanilijevega ekstrakta
- 1 skodelica kisle smetane
- 1 skodelica lešnikov, opečenih in drobno sesekljanih
- 1/2 skodelice kakava v prahu
- 1/4 skodelice mleka

**GLAZURA:**
- 1 skodelica sladkorja v prahu
- 2 žlici kakava v prahu
- 3-4 žlice mleka
- Sesekljani lešniki za okras

**NAVODILA:**
a) Pečico segrejte na 350°F (175°C). Namastite in pomokajte pekač.
b) Zmešajte moko, pecilni prašek, sodo bikarbono in sol.
c) Maslo in sladkor stepamo, dokler ne postanejo rahli in puhasti. Dodajte jajca, eno za drugim, nato vmešajte vanilijo. Postopoma dodajamo mešanico moke, izmenjaje s kislo smetano. Vmešamo lešnike.
d) Testo razdelite na pol. V eno polovico zmešajte kakav v prahu in mleko. Z žličkami obeh testenin stresite v pekač in rahlo obračajte z nožem.
e) Pečemo 55-65 minut ali dokler zobotrebec ne izstopi čist. Ohladite v ponvi 10 minut, nato pa obrnite na rešetko, da se popolnoma ohladi.
f) Za glazuro zmešajte sladkor v prahu, kakav v prahu in mleko do gladkega. Ohlajeno torto pokapljamo in potresemo s sesekljanimi lešniki.

# 47. Bundt torta iz indijskih oreščkov in kokosa

**SESTAVINE:**
- 3 skodelice večnamenske moke
- 1 čajna žlička pecilnega praška
- 1/2 čajne žličke sode bikarbone
- 1/4 čajne žličke soli
- 1 skodelica nesoljenega masla, zmehčanega
- 2 skodelici granuliranega sladkorja
- 4 jajca
- 1 čajna žlička vanilijevega ekstrakta
- 1 skodelica kokosovega mleka
- 1 skodelica indijskih oreščkov, opečenih in grobo sesekljanih
- 1 skodelica naribanega kokosa

**GLAZURA:**
- 1 skodelica sladkorja v prahu
- 2-3 žlice kokosovega mleka
- Koščki popečenega naribanega kokosa in indijskih oreščkov za okras

**NAVODILA:**
a) Pečico segrejte na 350°F (175°C). Namastite in pomokajte pekač.
b) Zmešajte moko, pecilni prašek, sodo bikarbono in sol.
c) V veliki skledi stepite maslo in sladkor, dokler ne postane puhasto. Eno za drugim stepemo jajca, nato dodamo vanilijo. Izmenično vmešamo suhe sestavine in kokosovo mleko. Dodamo sesekljane indijske oreščke in nastrgan kokos.
d) Testo vlijemo v pripravljen pekač. Pecite 60-70 minut oziroma dokler zobotrebec, ki ga zapičite, ne izstopi čist. Ohladite v ponvi, nato pa obrnite na rešetko.
e) Za glazuro zmešajte sladkor v prahu s kokosovim mlekom do gladkega. Pokapajte po torti in okrasite s popečenimi koščki kokosa in indijskih oreščkov.

## 48.Orehova in medena začimbna torta

## SESTAVINE:
- 3 skodelice večnamenske moke
- 1 čajna žlička pecilnega praška
- 1/2 čajne žličke sode bikarbone
- 1/2 čajne žličke soli
- 1 čajna žlička mletega cimeta
- 1/2 čajne žličke mletega muškatnega oreščka
- 1/4 čajne žličke mletih nageljnovih žbic
- 1 skodelica nesoljenega masla, sobne temperature
- 1 skodelica granuliranega sladkorja
- 1 skodelica medu
- 4 jajca
- 1 čajna žlička vanilijevega ekstrakta
- 1 skodelica pinjenca
- 1 skodelica orehov, opečenih in drobno sesekljanih

## GLAZURA:
- 1 skodelica sladkorja v prahu
- 2-3 žlice medu
- 2 žlici mleka
- Sesekljani orehi za okras

## NAVODILA:
a) Pečico segrejte na 350°F (175°C). Namastite in pomokajte pekač.
b) Zmešajte moko, pecilni prašek, sodo bikarbono, sol, cimet, muškatni orešček in nageljnove žbice.
c) V veliki skledi dodajte smetano maslo, sladkor in med, dokler ne postane svetlo in puhasto. Stepite jajca, eno za drugim, nato vmešajte vanilijo. Izmenično dodajte suhe sestavine in pinjenec, začnite in končajte s suhimi sestavinami. Zložite orehe.
d) Nalijte v bundt pekač. Pecite 60-70 minut ali dokler tester ne pride ven čist. Ohladite v pekaču, nato obrnite na rešetko.
e) Za glazuro stepite sladkor v prahu, med in mleko do gladkega. Ohlajeno torto pokapljamo in potresemo s sesekljanimi orehi.

# 49. Macadamia Mango Bundt torta

**SESTAVINE:**
- 3 skodelice večnamenske moke
- 1 čajna žlička pecilnega praška
- 1/2 čajne žličke sode bikarbone
- 1/4 čajne žličke soli
- 1 skodelica nesoljenega masla, sobne temperature
- 2 skodelici granuliranega sladkorja
- 4 jajca
- 1 čajna žlička vanilijevega ekstrakta
- 1 skodelica kisle smetane
- 1 skodelica orehov makadamije, opečenih in grobo sesekljanih
- 1 skodelica svežega manga, narezanega na kocke

**GLAZURA:**
- 1 skodelica sladkorja v prahu
- 2-3 žlice mangovega soka ali mleka
- Zdrobljeni orehi makadamije za okras

**NAVODILA:**

a) Pečico segrejte na 350°F (175°C). Namastite in pomokajte pekač.
b) Zmešajte moko, pecilni prašek, sodo bikarbono in sol.
c) V veliki skledi stepamo maslo in sladkor, dokler ne postanejo rahli in puhasti. Eno za drugim stepemo jajca, nato primešamo vanilijo. Postopoma dodajamo mešanico moke, izmenjaje s kislo smetano. Zložite makadamije in mango.
d) Testo vlijemo v pripravljen pekač. Pecite 60-70 minut ali dokler zobotrebec, ki ga zapičite v sredino, ne izstopi čist. Ohladite v ponvi 10 minut, nato pa obrnite na rešetko, da se popolnoma ohladi.
e) Za glazuro zmešajte sladkor v prahu z mangovim sokom ali mlekom do gladkega. Ohlajeno torto pokapamo in potresemo z zdrobljenimi makadamijami.

## 50.Kostanjeva čokoladna torta Bundt

**SESTAVINE:**
- 3 skodelice večnamenske moke
- 1 čajna žlička pecilnega praška
- 1/2 čajne žličke sode bikarbone
- 1/4 čajne žličke soli
- 1 skodelica nesoljenega masla, zmehčanega
- 2 skodelici granuliranega sladkorja
- 4 jajca
- 1 čajna žlička vanilijevega ekstrakta
- 1 skodelica pinjenca
- 1 skodelica kostanjevega pireja
- 1 skodelica čokoladnih koščkov

**GLAZURA:**
- 1 skodelica sladkorja v prahu
- 2 žlici kakava v prahu
- 3-4 žlice mleka
- Koščki čokolade in sesekljan kostanj za okras

**NAVODILA:**
a) Pečico segrejte na 350°F (175°C). Namastite in pomokajte pekač.
b) Zmešajte moko, pecilni prašek, sodo bikarbono in sol.
c) Maslo in sladkor stepamo, dokler ne postanejo rahli in puhasti. Dodajte jajca, enega za drugim, nato vanilijo. Vmešamo kostanjev pire. Izmenično dodajte suhe sestavine in pinjenec, na koncu pa dodajte suhe sestavine. Zložite čokoladne koščke.
d) Vlijemo v pripravljen pekač. Pečemo 55-65 minut ali dokler zobotrebec ne izstopi čist. Ohladite v pekaču, nato obrnite na rešetko.
e) Za glazuro stepite sladkor v prahu, kakav v prahu in mleko do gladkega. Pokapljajte po torti in okrasite s koščki čokolade in kostanjem.

## 51. Mandljeva marelična torta

**SESTAVINE:**
- 3 skodelice večnamenske moke
- 1 čajna žlička pecilnega praška
- 1/2 čajne žličke sode bikarbone
- 1/4 čajne žličke soli
- 1 skodelica nesoljenega masla, sobne temperature
- 2 skodelici granuliranega sladkorja
- 4 jajca
- 1 čajna žlička mandljevega ekstrakta
- 1 skodelica kisle smetane
- 1 skodelica mandljev, opečenih in drobno sesekljanih
- 1 skodelica suhih marelic, sesekljanih

**GLAZURA:**
- 1 skodelica sladkorja v prahu
- 2-3 žlice mareličnega soka ali mleka
- Narezani mandlji za okras

**NAVODILA:**
a) Pečico segrejte na 350°F (175°C). Namastite in pomokajte pekač.
b) Zmešajte moko, pecilni prašek, sodo bikarbono in sol.
c) V veliki skledi stepite maslo in sladkor, dokler ne postane puhasto. Dodajte jajca, eno za drugim, nato pa mandljev ekstrakt. Izmenično dodajamo suhe sestavine in kislo smetano, zaključimo s suhimi sestavinami. Zložite mandlje in marelice.
d) Testo vlijemo v pekač. Pecite 60-70 minut oziroma dokler zobotrebec, ki ga zapičite, ne izstopi čist. Ohladite v ponvi, nato pa obrnite na rešetko.
e) Za glazuro zmešajte sladkor v prahu z mareličnim sokom ali mlekom do gladkega. Pokapljamo po torti in okrasimo z narezanimi mandlji.

# TORTE ZA KAVO

## 52. Cappuccino Bundt torta

## SESTAVINE:

- ⅓ skodelice lahkega oljčnega olja
- ½ skodelice čokoladnih žetonov
- ½ skodelice sesekljanih oreščkov (lešnikov ali orehov)
- 1 paket rumene mešanice za torte
- 4 žlice instant espresso kave
- 2 žlički mletega cimeta
- 3 velika jajca
- 1 ¼ skodelice vode
- slaščičarski sladkor (za posipanje)

## NAVODILA:

a) Pripravite Bundt ponev z 12 skodelicami, tako da jo premažete z oljčnim oljem in nato rahlo potresete z moko. Pečico segrejte na 325 °F (162 °C).
b) Zmešajte čokoladne koščke in sesekljane oreščke. To mešanico enakomerno nanesite na dno pripravljene ponve Bundt.
c) V veliki skledi vmešajte instant espresso kavo in mleti cimet v rumeno mešanico za kolače.
d) Dodajte ⅓ skodelice olivnega olja, jajca in vodo v mešanico za torte. Počasi mešajte z električnim mešalnikom, dokler se ravno ne navlaži, nato stepajte pri srednji hitrosti 2 minuti.
e) Testo za torto prelijte čez čokoladni preliv in preliv iz orehov v pekaču.
f) Pečemo v predhodno ogreti pečici približno 60 minut oziroma toliko časa, da zobotrebec, ki ga zapičimo v torto, ne izstopi čist.
g) Pustite, da se torta 15 minut ohlaja na rešetki, nato obrnite pekač na servirni krožnik in pustite, da se popolnoma ohladi.
h) Ko se torta ohladi, jo potresemo s slaščičarskim sladkorjem.
i) Ob serviranju torto narežite in postrezite z rahlo sladkanim sirom ricotta.
j) Za sladkanje rikote vmešajte približno 2 čajni žlički granuliranega sladkorja v 15 unč sira rikote. Za dodaten okus torto potresemo z malo dodatnega cimeta.
k) Uživajte v okusni torti Cappuccino Bundt!

## 53. Mocha Bundt torta s kavnim oblivom

**SESTAVINE:**
**ZA TORTO:**
- Nelepljivo pršilo za peko, kot je znamka Bakery's Joy
- 2½ skodelice (300 gramov) večnamenske moke
- 2 skodelici granuliranega sladkorja
- 1 čajna žlička sode bikarbone
- ½ čajne žličke kuhinjske soli
- 2 palčki (16 žlic) nesoljenega masla, narezanega na majhne koščke
- 1½ skodelice sveže vroče kave
- ½ skodelice nesladkanega kakava v prahu
- ¼ skodelice pinjenca
- 2 veliki jajci, rahlo stepeni
- 1 čajna žlička vanilijevega ekstrakta

**ZA KAVNO KAVO:**
- 2–3 žlice ohlajene močne kave ali espressa
- 1 skodelica sladkorja v prahu
- Ščepec soli
- Čokoladni kodri, za okras

**NAVODILA:**
**ZA TORTO:**
a) Pečico segrejte na 350 °F in nastavite rešetko na srednji položaj. Pekač Bundt popršite s sprejem za peko. Dati na stran.
b) V veliki skledi zmešajte moko, sladkor, sodo bikarbono in sol.
c) V srednji ponvi na srednjem ognju zmešajte 2 palčki masla, kavo in kakav v prahu. Nenehno mešajte, dokler zmes ni gladka in na robovih brbota, nato jo odstavite z ognja.
d) Še vročo kakavovo mešanico vlijemo v suhe sestavine in z lopatko premešamo, da se ravno premeša. Dodajte pinjenec, jajca in vanilijo ter mešajte, dokler ni gladka.
e) Testo vlijemo v pripravljen pekač Bundt in pečemo, dokler se torta ne umakne stran od stranic in tester za torto, vstavljen v sredino, ne postane čist, 45 do 55 minut.
f) Odstranite iz pečice in pustite nekaj minut stati v pekaču. Držite rešetko za hlajenje nad vrhom pekača, torto obrnite na rešetko in dvignite pekač s torte. Rešetko postavite na obrobljen pekač, da se popolnoma ohladi.

**ZA KAVNO KAVO:**
g) Ko se torta ohladi, pripravite kavni posip: V srednje veliki skledi prelijte 2 žlici kave čez sladkor v prahu in sol ter mešajte, dokler ni gladka.
h) Kapljica mora biti dovolj ohlapna, da lahko polijete, vendar dovolj gosta, da se oprime. Prilagodite gostoto tako, da po potrebi dodate več kave ali sladkorja.
i) Preliv prelijemo po torti, tako da kaplja po straneh in se morebitni odvečni zbere na pekaču.
j) Pustite, da se glazura strdi 5 minut, nato jo okrasite s čokoladnimi zvitki.
k) Pustite, da se glazura popolnoma strdi, preden jo postrežete.

## 54. Kavna torta s kislo smetano

**SESTAVINE:**
- 1 ¼ palčke masla, pri sobni temperaturi.
- 1 skodelica sladkorja
- 3 jajca
- 16 unč kisle smetane
- 3 ½ skodelice moke
- 2 čajni žlički pecilnega praška
- 1 čajna žlička sode bikarbone
- ½ čajne žličke soli (izpustite, če uporabljate soljeno maslo)
- Sladkor v prahu

**POLNJENJE:**
- ⅓ skodelice trdno pakiranega rjavega sladkorja
- 2 čajni žlički cimeta
- 2 žlički moke
- 1 skodelica sesekljanih orehov orehov (praženi orehi so najboljši!)

**NAVODILA:**
a) Pečico segrejte na 350 stopinj F.
b) 10-palčni pekač za bundt poškropite z nelepljivim razpršilom za peko.
c) V srednji skledi zmešajte moko, pecilni prašek, sodo bikarbono in sol.
d) V majhni skledi zmešajte rjavi sladkor, cimet, moko in orehe.
e) V skledi stoječega mešalnika penasto zmešajte maslo in sladkor.
f) Dodajte jajca enega za drugim, med dodajanjem dobro premešajte.
g) Izmenično dodajte mešanico moke in kisle smetane, začnite in končajte z mešanico moke. Dobro postrgajte stranice.
h) Polovico testa z žlico vlijemo v pekač. Po testu potresemo mešanico rjavega sladkorja. Prelijte s preostalim testom.
i) Pecite 50 – 60 minut, dokler zobotrebec, ki ga zapičite v sredino, ne izstopi čist.
j) Ohladite v pekaču 5 minut.
k) Zvrnemo na rešetko za hlajenje in potresemo s sladkorjem v prahu.

## 55. Espresso Bundt torta z ganachejem

**SESTAVINE:**
**ZA TORTO:**
- 1 skodelica granuliranega sladkorja
- 1 skodelica pakiranega temno rjavega sladkorja
- 3½ skodelice večnamenske moke
- 3 žličke pecilnega praška
- 1 čajna žlička sode bikarbone
- 1 čajna žlička soli
- ½ skodelice (1 palčka) nesoljenega masla pri sobni temperaturi
- 4 jajca
- ⅔ skodelice polnomastne kisle smetane
- ½ skodelice rastlinskega olja
- 1 žlica vanilijevega ekstrakta
- 2-3 žlice espressa v prahu
- 1⅓ skodelice temno pražene kave ali espressa, pri sobni temperaturi

**ZA GANACHE:**
- 1 skodelica temnih čokoladnih koščkov
- ½-¾ skodelice težke smetane

**NAVODILA:**

a) Pečico segrejte na 350°F. Maslo in moko stresite v pekač ali uporabite razpršilo za peko z moko. Dati na stran.
b) V skledi stojnega mešalnika zmešajte beli in rjavi sladkor, moko, pecilni prašek, sodo bikarbono in sol.
c) Dodajte maslo in mešajte, dokler ne ustvarite peščene teksture.
d) V srednje veliki skledi zmešajte olje, kislo smetano, jajca, vanilijo in espresso prašek.
e) Ko mešalnik deluje pri nizki temperaturi, mešanico počasi nakapajte v suhe sestavine. Na koncu dodajte še kavo sobne temperature.
f) Testo za torto vlijemo v pripravljen pekač in pečemo 60-65 minut, dokler zobotrebec, ki ga zapičimo v sredino, ne pride ven z le nekaj drobtinami.
g) Pustite, da se rahlo ohladi v pekaču, nato pa obrnite na servirni krožnik ali stojalo za torte, da se ohladi.
h) Ko ste pripravljeni za postrežbo, pripravite ganache. Zmešajte čokoladne koščke in smetano v skledi ali skodelici, primerni za mikrovalovno pečico. Postavite v mikrovalovno pečico v 20-sekundnih intervalih in vmes mešajte, dokler ne postane gladka in kremasta. Prilagodite količino kreme po želji za želeno teksturo.
i) Torto pokapljajte s čokoladnim ganachejem in postrezite! Uživajte v espresso Bundt torti z ganachejem iz temne čokolade.

## 56. Mocha Marmor Bundt Torta

**SESTAVINE:**
**OSNOVNA MEŠANICA ZA TORTO:**
- 250 g nesoljenega masla sobne temperature
- 500 g zlatega sladkorja
- 8 velikih jajc

**MEŠANICA BELE ČOKOLADE:**
- 225 g samovzhajalne moke
- 100 g bele čokolade, stopljene in ohlajene
- 100 g kisle smetane
- 2 žlici instant espresso kave v prahu, pomešani z 1 žlico vrele vode

**MEŠANICA TEMNE ČOKOLADE:**
- 100 g temne čokolade, stopljene in ohlajene
- 200 g samovzhajalne moke
- 25 g kakava v prahu
- 120 g kisle smetane

**NAVODILA:**

a) Z oljem v razpršilu rahlo namastite pekač s prostornino 10–15 skodelic, pri čemer zagotovite, da je prevlečena celotna površina, zlasti osrednji steber. Pečico segrejte na 180C (160C ventilator).

b) V veliki skledi penasto zmešajte maslo in sladkor z električnim mešalnikom, da postane rahlo in puhasto (približno 5 minut). Zmes mora biti skoraj bele barve in rahle teksture.

c) Dodajte eno jajce naenkrat in stepajte, dokler se popolnoma ne združita, preden dodate naslednje.

d) Testo enakomerno razdelite med dve skledi.

**ZA MEŠANICO BELE ČOKOLADE:**

e) Zmešajte belo čokolado, kislo smetano in mešanico za espresso.

f) V testo dodajte moko in mešajte, dokler se ne združi. Vmešajte mešanico bele čokolade.

**ZA MEŠANICO TEMNE ČOKOLADE:**

g) Kakav zmešajte z nekaj žlicami kisle smetane, da dobite gladko pasto. Primešamo še preostalo kislo smetano in stopljeno čokolado. Masi dodamo moko in premešamo.

h) V pripravljen pekač izmenično vlivajte po žlicah obeh testov.

i) Testo nežno premešajte skupaj z nožem za maslo.

j) Pecite v predhodno ogreti pečici približno 50-60 minut oziroma dokler nabodalo, ki ga vstavite v torto, ne pride ven čisto.

k) Ohladite na rešetki 10 minut, preden torto obrnete, da jo sprostite iz pekača. Pred serviranjem pustite, da se popolnoma ohladi.

l) Pokrita bo torta ostala sveža 3-4 dni. Uživajte!

## 57. Irska kavna torta Bundt

## SESTAVINE:
- 3 skodelice večnamenske moke
- 1 čajna žlička pecilnega praška
- 1/2 čajne žličke sode bikarbone
- 1/4 čajne žličke soli
- 1 skodelica nesoljenega masla, zmehčanega
- 2 skodelici granuliranega sladkorja
- 4 jajca
- 2 žlički vanilijevega ekstrakta
- 1 skodelica močno kuhane kave, ohlajene
- 1/4 skodelice irskega viskija
- 1 žlica instant kavnih zrnc

## GLAZURA:
- 1 skodelica sladkorja v prahu
- 2 žlici irskega viskija
- 1 žlica kuhane kave

## NAVODILA:
a) Pečico segrejte na 350°F (175°C). Namastite in pomokajte pekač.
b) Zmešajte moko, pecilni prašek, sodo bikarbono in sol.
c) Maslo in sladkor penasto stepemo. Stepite jajca, eno za drugim, nato vmešajte vanilijo. Instant kavo raztopite v kuhani kavi. V testo izmenično dodajte suhe sestavine in mešanico kave, začnite in končajte s suhimi sestavinami. Vmešajte viski.
d) Vlijemo v pripravljen pekač. Pecite 60-70 minut oziroma dokler zobotrebec, ki ga zapičite, ne izstopi čist. Ohladite v ponvi, nato pa obrnite na rešetko.
e) Za glazuro zmešajte sladkor v prahu, viski in kavo do gladkega. Ohlajeno torto pokapljamo.

# 58. Vanilla Mleko Bundt torta

**SESTAVINE:**
- 3 skodelice večnamenske moke
- 1 čajna žlička pecilnega praška
- 1/2 čajne žličke sode bikarbone
- 1/4 čajne žličke soli
- 1 skodelica nesoljenega masla, sobne temperature
- 2 skodelici granuliranega sladkorja
- 4 jajca
- 2 žlički vanilijevega ekstrakta
- 1 skodelica kisle smetane
- 1/2 skodelice močno kuhane kave, ohlajene
- 2 žlici instant espressa v prahu

**GLAZURA:**
- 1 skodelica sladkorja v prahu
- 2-3 žlice mleka
- 1 čajna žlička vanilijevega ekstrakta

**NAVODILA:**
a) Pečico segrejte na 350°F (175°C). Namastite in pomokajte pekač.
b) Zmešajte moko, pecilni prašek, sodo bikarbono in sol.
c) Maslo in sladkor stepamo, dokler ne postanejo rahli in puhasti. Dodajte jajca, eno za drugim, nato vmešajte vanilijo. Prašek za espresso raztopite v kuhani kavi. V testo izmenično dodajte suhe sestavine in mešanico kave, začnite in končajte s suhimi sestavinami. Vmešamo kislo smetano.
d) Pečemo v pripravljenem pekaču 55-65 minut. Ohladite, nato obrnite na rešetko.
e) Za glazuro stepemo sladkor v prahu, mleko in vanilijo. Pokapljamo po torti.

# 59.Čokoladna espresso fižol Bundt torta

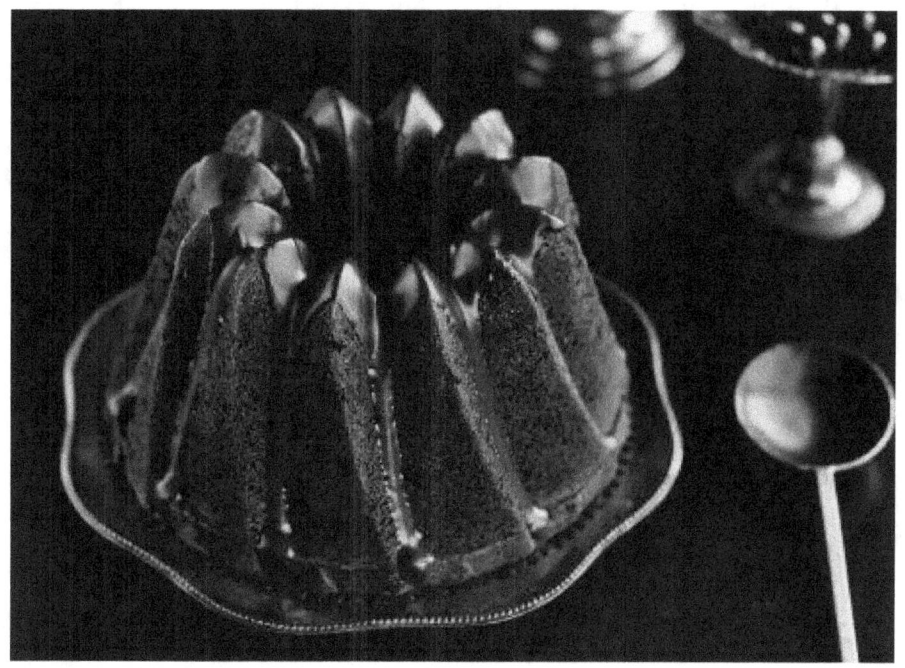

**SESTAVINE:**
- 2 1/2 skodelice večnamenske moke
- 1/2 skodelice nesladkanega kakava v prahu
- 1 čajna žlička sode bikarbone
- 1/4 čajne žličke soli
- 1 skodelica nesoljenega masla, zmehčanega
- 2 skodelici granuliranega sladkorja
- 4 jajca
- 1 čajna žlička vanilijevega ekstrakta
- 1 skodelica pinjenca
- 1/2 skodelice močno kuhanega espressa, ohlajenega
- 1 skodelica s čokolado oblitih espresso zrn, grobo sesekljana

**GLAZURA:**
- 1 skodelica sladkorja v prahu
- 2 žlici espressa, ohlajeno
- S čokolado oblita espresso zrna za okras

**NAVODILA:**
a) Pečico segrejte na 350°F (175°C). Namastite in pomokajte pekač.
b) Zmešajte moko, kakav, sodo bikarbono in sol.
c) Maslo in sladkor penasto stepemo. Eno za drugim stepemo jajca, nato dodamo vanilijo. V testo izmenično dodajte suhe sestavine in pinjenec, začnite in končajte s suhimi sestavinami. Vmešajte espresso. Dodamo sesekljana espresso zrna.
d) Vlijemo v pripravljen pekač. Pečemo 60-70 minut. Ohladite, nato obrnite na rešetko.
e) Za glazuro zmešamo sladkor v prahu in espresso. Pokapajte po torti in okrasite z espresso zrni.

# 60.Torta Streusel Bundt s cimetovo kavo

**SESTAVINE:**
- 3 skodelice večnamenske moke
- 1 žlica pecilnega praška
- 1/2 čajne žličke soli
- 1 skodelica nesoljenega masla, sobne temperature
- 2 skodelici granuliranega sladkorja
- 4 jajca
- 1 čajna žlička vanilijevega ekstrakta
- 1 skodelica kisle smetane
- 1/2 skodelice močno kuhane kave, ohlajene

**STREUSEL:**
- 1 skodelica rjavega sladkorja
- 2 žlički mletega cimeta
- 1 skodelica sesekljanih orehov

**GLAZURA:**
- 1 skodelica sladkorja v prahu
- 2 žlici mleka
- 1/2 čajne žličke cimeta

**NAVODILA:**
a) Pečico segrejte na 350°F (175°C). Namastite in pomokajte pekač.
b) Zmešajte moko, pecilni prašek in sol.
c) Maslo in sladkor penasto stepemo. Dodajte jajca, enega za drugim, nato vanilijo. V testo izmenično dodajajte suhe sestavine in kislo smetano, začnite in končajte s suhimi sestavinami. Vmešajte kavo.
d) Zmešajte sestavine streusela. Polovico testa vlijemo v pekač, na vrh damo polovico streusela, nato ponovimo plasti.
e) Pečemo 65-75 minut. Ohladite, nato obrnite na rešetko.
f) Za glazuro stepemo sladkor v prahu, mleko in cimet. Ohlajeno torto pokapljamo.

## 61. Bundt torta z lešnikovo kavo

**SESTAVINE:**
- 2 skodelici večnamenske moke
- 1 skodelica granuliranega sladkorja
- 1/2 skodelice rjavega sladkorja
- 1/2 skodelice nesoljenega masla, zmehčanega
- 1/2 skodelice kuhane kave, ohlajene
- 1/2 skodelice pinjenca
- 2 jajci
- 1 čajna žlička vanilijevega ekstrakta
- 1 čajna žlička pecilnega praška
- 1/2 čajne žličke sode bikarbone
- 1/2 čajne žličke soli
- 1/2 skodelice sesekljanih lešnikov

**ZA GLAZURO:**
- 1 skodelica sladkorja v prahu
- 2-3 žlice kuhane kave, ohlajene
- 1/4 skodelice sesekljanih lešnikov (za okras)

**NAVODILA:**
a) Pečico segrejte na 350 °F (175 °C). Namastite in pomokajte pekač.
b) V veliki posodi za mešanje zmešajte maslo, granulirani sladkor in rjavi sladkor, dokler ne postane svetlo in puhasto.
c) Eno za drugim stepite jajca, nato vmešajte vanilijev ekstrakt.
d) V ločeni skledi zmešajte moko, pecilni prašek, sodo bikarbono in sol.
e) Postopoma dodajajte suhe sestavine mokrim sestavinam, izmenično s pinjencem in kuhano kavo. Mešajte, dokler se le ne združi.
f) Vmešajte sesekljane lešnike.
g) Testo vlijemo v pripravljen pekač in ga po vrhu zgladimo z lopatko.
h) Pečemo 40-45 minut ali dokler zobotrebec, ki ga zapičimo v sredino, ne izstopi čist.
i) Pustite, da se torta ohlaja v pekaču 10 minut, preden jo obrnete na rešetko, da se popolnoma ohladi.
j) Za pripravo glazure zmešajte sladkor v prahu in kuhano kavo, dokler ni gladka. Ohlajeno torto prelijemo z glazuro in potresemo s sesekljanimi lešniki.
k) Pustite, da se glazura strdi, preden jo narežete in postrežete.

## 62. Torta Tiramisu Bundt

**SESTAVINE:**
- 2 skodelici večnamenske moke
- 1 skodelica granuliranega sladkorja
- 1/2 skodelice nesoljenega masla, zmehčanega
- 1/2 skodelice kuhane kave, ohlajene
- 1/2 skodelice mleka
- 2 jajci
- 1 čajna žlička vanilijevega ekstrakta
- 1 čajna žlička pecilnega praška
- 1/2 čajne žličke sode bikarbone
- 1/4 čajne žličke soli
- 1/4 skodelice kakava v prahu
- 1/4 skodelice ruma (neobvezno)
- 1/4 skodelice sladkorja v prahu (za posipanje)

**ZA MASCARPONE NADEV:**
- 8 unč sira mascarpone, zmehčanega
- 1/2 skodelice sladkorja v prahu
- 1 čajna žlička vanilijevega ekstrakta
- 1/2 skodelice težke smetane

**NAVODILA:**
a) Pečico segrejte na 350 °F (175 °C). Namastite in pomokajte pekač.
b) V veliki posodi za mešanje penasto stepite maslo in granulirani sladkor, dokler ne postanejo rahli in puhasti.
c) Eno za drugim stepite jajca, nato vmešajte vanilijev ekstrakt.
d) V ločeni skledi zmešajte moko, pecilni prašek, sodo bikarbono, sol in kakav v prahu.
e) Postopoma dodajajte suhe sestavine mokrim sestavinam, izmenično s kuhano kavo in mlekom. Mešajte, dokler se le ne združi.
f) Polovico testa vlijemo v pripravljen pekač.
g) V drugi posodi stepite mascarpone sir, sladkor v prahu in vanilijev ekstrakt do gladkega.
h) V ločeni skledi stepite smetano, dokler ne nastanejo čvrsti vrhovi. Stepeno smetano nežno vmešajte v mešanico mascarponeja.
i) Mascarponejev nadev razporedimo po masi v pekaču.
j) Preostalo maso vlijemo čez nadev, vrh zgladimo z lopatko.
k) Pecite 45-50 minut ali dokler zobotrebec, ki ga zapičite v sredino, ne izstopi čist.
l) Pustite, da se torta ohlaja v pekaču 10 minut, preden jo obrnete na rešetko, da se popolnoma ohladi.
m) Če uporabljate rum, torto z nabodalom preluknjajte in rum pokapajte po vrhu.
n) Ohlajeno torto pred serviranjem potresemo s sladkorjem v prahu.

## 63. Kavna orehova torta Bundt

**SESTAVINE:**
- 2 skodelici večnamenske moke
- 1 skodelica granuliranega sladkorja
- 1/2 skodelice rjavega sladkorja
- 1/2 skodelice nesoljenega masla, zmehčanega
- 1/2 skodelice kuhane kave, ohlajene
- 1/2 skodelice pinjenca
- 2 jajci
- 1 čajna žlička vanilijevega ekstrakta
- 1 čajna žlička pecilnega praška
- 1/2 čajne žličke sode bikarbone
- 1/2 čajne žličke soli
- 1 skodelica sesekljanih orehov

**ZA GLAZURO:**
- 1 skodelica sladkorja v prahu
- 2-3 žlice kuhane kave, ohlajene

**NAVODILA:**
a) Pečico segrejte na 350 °F (175 °C). Namastite in pomokajte pekač.
b) V veliki skledi za mešanje zmešajte maslo, granulirani sladkor in rjavi sladkor, dokler ne postane svetlo in puhasto.
c) Eno za drugim stepite jajca, nato vmešajte vanilijev ekstrakt.
d) V ločeni skledi zmešajte moko, pecilni prašek, sodo bikarbono in sol.
e) Postopoma dodajajte suhe sestavine mokrim sestavinam, izmenično s pinjencem in kuhano kavo. Mešajte, dokler se le ne združi.
f) Vmešajte sesekljane orehe.
g) Testo vlijemo v pripravljen pekač in ga po vrhu zgladimo z lopatko.
h) Pečemo 40-45 minut ali dokler zobotrebec, ki ga zapičimo v sredino, ne izstopi čist.
i) Pustite, da se torta ohlaja v pekaču 10 minut, preden jo obrnete na rešetko, da se popolnoma ohladi.
j) Za pripravo glazure zmešajte sladkor v prahu in kuhano kavo, dokler ni gladka. Z glazuro prelijemo ohlajeno torto.
k) Pustite, da se glazura strdi, preden jo narežete in postrežete.

# ČOKOLADNE TORTE

## 64. Čokoladna Bundt torta

**SESTAVINE:**
- 1 ½ skodelice (150 g) mandljeve moke
- ½ skodelice (75 g) Natvia
- ⅓ skodelice (30 g) nesladkanega kakava v prahu
- 1 čajna žlička (5 g) pecilnega praška
- ⅓ skodelice (85 g) nesladkanega mandljevega mleka
- 2 veliki jajci (51g vsako)
- 1 čajna žlička (5 g) vanilijevega ekstrakta

**NAVODILA:**
a) Cvrtnik predgrejte na 180ºC, 3 minute.
b) V veliki posodi za mešanje mešajte vse sestavine, dokler se dobro ne povežejo.
c) Mini Bundt kositer popršite z oljem. Opomba: Bundt pekači za torto so na voljo v različnih velikostih, velikost, ki jo potrebujete, je odvisna od velikosti vašega cvrtnika. Rahlo poškropite z oljem ali čopičem s stopljenim maslom preprečite prijemanje .
d) Zajemajte testo v pekač.
e) Postavite v košaro cvrtnika in kuhajte pri 160 °C 10 minut.
f) Ohladite 5 minut, preden jih odstranite.

## 65.Hershey's Cocoa Bundt Torta

**SESTAVINE:**
- ½ skodelice Plus 1 žlica nesoljenega masla, razdeljeno
- 1 skodelica plus 1 žlica kakava Hershey's, razdeljeno
- 1¾ skodelice večnamenske moke
- 2 skodelici sladkorja
- 2 čajni žlički sode bikarbone
- 1 čajna žlička soli
- 3 velika jajca
- 1 skodelica pinjenca
- 1 skodelica močne kave
- 1 čajna žlička vanilije

**NAVODILA:**
a) Pečico segrejte na 350 F. Postavite rešetko na sredino pečice. Ponev Bundt z 12 skodelicami, ki se ne sprijema, rahlo premažite z 1 žlico masla in ponev izdatno potresite z 1 žlico kakava, odvečno pa odstranite.
b) Suhe sestavine presejte v veliko posodo za mešanje. Stopite in ohladite 1 kos masla. Združite ga z ostalimi mokrimi sestavinami in mešajte s suhimi sestavinami na srednji hitrosti 2 minuti.
c) Testo vlijemo v pekač.
d) Pecite 45-55 minut ali dokler torta ne odstopi od sten pekača in vrh rahlo poskoči nazaj na dotik.

## 66.Čokoladna torta z medenjaki Bundt

**SESTAVINE:**
- 540 g navadne moke
- ½ skodelice Bourneville kakava
- ½ čajne žličke sode bikarbone
- 1 ½ žlice pimenta
- 4 jajca
- 240 g temno rjavega sladkorja
- 200 ml zlatega sirupa
- 250 g masla
- 200 ml goste smetane
- 300 ml mleka
- Glazura iz kremnega sira
- 240 g sladkorja v prahu
- 250 g kremnega sira Philadelphia
- ½ skodelice limoninega soka
- Zlati lističi za okras (neobvezno)

**NAVODILA:**
a) Pečico segrejte na 175C s prisilnim ventilatorjem.
b) Namastite Bundt kositer z 12 skodelicami. Dati na stran.
c) V skledi zmešajte moko, kakav BOURNEVILLE, sodo bikarbono, sol in začimbe. Dati na stran.
d) Jajca in sladkor stepajte v mešalniku 3 minute, dokler ne postane penasto. Dodajte zlati sirup in stepajte do gladkega.
e) V kozici raztopimo maslo in vmešamo smetano in mleko.
f) Jajčni zmesi izmenično dodajajte suhe sestavine in mešanico masla ter mešajte, dokler ni gladka.
g) Testo vlijemo v pripravljen pekač. Pecite na najnižji rešetki pečice 1 uro, dokler vstavljeno nabodalo ne pride ven čisto.
h) Odstranite iz pečice in pustite, da se ohlaja v pekaču 15 minut, nato odstranite iz kalupa na rešetko za hlajenje, da se popolnoma ohladi. Po želji obrežite osnovo, da bo ravna.
i) Za pripravo glazure v skledi zmešajte sladkor in kremni sir PHILADELPHIA ter stepajte, da postane gladka in kremasta. Mešajte z limoninim sokom do želene konsistence.
j) Ohlajeno torto prelijemo z glazuro.
k) Okrasite z zlatimi lističi.

## 67.Nutella Bundt torta

**SESTAVINE:**
**ZA TORTO:**
- 3 skodelice večnamenske moke
- 2 ½ čajne žličke pecilnega praška
- 1 čajna žlička košer soli
- 2 skodelici granuliranega sladkorja
- 1 skodelica olivnega olja
- ¾ skodelice polnomastnega navadnega jogurta
- ½ skodelice mascarpone sira
- 4 velika jajca
- 1 žlica vanilijevega ekstrakta
- 1 skodelica polnomastnega mleka
- 1 žlica kakava v prahu, presejanega
- ¼ skodelice Nutelle

**ZA GANACHE NUTELLA:**
- 1 skodelica Nutelle
- 1 skodelica težke smetane
- ⅓ skodelice nesoljenega masla
- 1 čajna žlička košer soli
- 2 žlici svetlega koruznega sirupa

**NAVODILA:**
**PRIPRAVA TORTE:**
a) Pečico segrejte na 350 F stopinj. Pekač za torto v obliki bundta ali cevi premažite z maslom ali pršilom za kuhanje proti prijemanju. Rahlo potresemo z moko, presežek odstranimo.
b) V srednji skledi zmešajte moko, pecilni prašek in sol. Dati na stran.
c) V veliki skledi z ročnim mešalnikom zmešajte sladkor, olivno olje, jogurt in mascarpone sir. Eno za drugim stepamo jajca, dokler niso popolnoma mešana, nato dodamo vanilijo in mleko.
d) Pri nizki hitrosti mešanico moke vmešajte v mokre sestavine, dokler se le ne povežejo. Odstranite približno 2 skodelici testa v prazno skledo za moko in dodajte kakav v prahu in Nutello. Mešajte, dokler ne nastane čokoladna masa.
e) Vanilijevo testo vlijemo v pripravljen pekač. Tapnite, da izenačite testo. Z zajemalko ali žlico za sladoled spustite čokoladno maso na vrh vanilijeve mase.
f) Z nožem ali nabodalom zmešajte testo skupaj, ravno toliko, da nastane frnikola, vendar ne premešajte.
g) Pecite 50 minut ali dokler zobotrebec, zaboden v sredino, ne izstopi čist. Pustite, da se ohladi eno uro, preden jo odstranite iz pekača.

**NAREDITE GANACHE:**
h) Postavite Nutello v srednje veliko skledo. V ponvi segrejte smetano, maslo, sol in koruzni sirup, dokler skoraj ne zavre.
i) Zmes vroče smetane prelijemo čez Nutello in mešamo do gladkega. Pustite stati 15 do 20 minut, da se zgosti. Toplo torto prelijte z ganachejem in pustite, da se strdi, preden jo postrežete. Uživajte v torti Nutella Bundt!

# 68. Čokoladna torta Bundt

**SESTAVINE:**
**ZA ČOKOLADNO TORTO:**
- 3 skodelice (360 g) večnamenske moke
- 2 žlički pecilnega praška
- ½ čajne žličke soli
- ½ čajne žličke mletega cimeta
- ¼ čajne žličke mletega muškatnega oreščka
- 1 skodelica (227 g) nesoljenega masla, pri sobni temperaturi
- 1 8-unč (227 g) kremnega sira, pri sobni temperaturi
- 2 skodelici (398 g) granuliranega sladkorja
- 1 žlica (14 ml) vanilijevega ekstrakta
- ½ čajne žličke mandljevega ekstrakta (neobvezno)
- 5 velikih jajc, pri sobni temperaturi
- ⅓ skodelice (76 g) kisle smetane, pri sobni temperaturi
- ⅓ skodelice (76 ml) nevtralnega olja (kot je repično, rastlinsko ali utekočinjeno rafinirano kokosovo olje)
- 1 in ½ skodelice (8 unč) mini čokoladnih žetonov

**ZA ČOKOLADNO GLAZURO:**
- 4 unče (113 g) grenke sladke čokolade, drobno narezane
- ½ skodelice (113 ml) težke smetane
- 1 in ½ čajne žličke koruznega sirupa (neobvezno)

**NAVODILA:**
**ZA ČOKOLADNO TORTO:**
a) Pečico segrejte na 325°F.
b) V srednji skledi zmešajte moko, pecilni prašek, sol, cimet in muškatni oreščk, dokler se dobro ne premešajo. Dati na stran.
c) V skledi stoječega mešalnika, opremljenega z nastavkom za lopatice, ali v veliki skledi z ročnim električnim mešalnikom stepajte maslo in kremni sir na srednji hitrosti, dokler ne postaneta gladka in kremasta, približno 1 minuto.
d) Postopoma dodajte sladkor, nato povečajte hitrost na srednje visoko in nadaljujte s stepanjem, dokler ne postane rahlo in puhasto, približno 3 minute. Stepite vanilijev in mandljev ekstrakt.

e) Zmanjšajte hitrost na srednje nizko, nato dodajte jajca, eno za drugim, po vsakem dodajanju dobro stepite in po potrebi postrgajte po stenah posode. Stepemo kislo smetano in olje.
f) Zmanjšajte hitrost na nizko in dodajte mešanico moke ter mešajte, dokler se ne združi. Na koncu vmešajte še majhne čokoladne koščke.
g) Izdatno namastite 10-palčni (12-skodelični) pekač, tako da prekrijete vse kotičke in špranje. Priporočljiva je uporaba neoprijemljivega pršila za peko z moko. Testo vlijemo v pripravljen pekač.
h) Pecite 55 do 60 minut ali dokler torta ni zlato rjava in zobotrebec, ki ga zapičite v sredino, ne izstopi čist.
i) Pustite, da se torta ohladi v pekaču na rešetki 10 do 15 minut. Torto obrnite na rešetko in popolnoma ohladite, približno 2 do 2 uri in pol.

**ZA ČOKOLADNO GLAZURO:**
j) Čokolado drobno nasekljajte in jo dajte v manjšo toplotno odporno skledo. Dati na stran.
k) Smetano segrevajte na srednjem ognju, dokler ne zavre. Odstavimo z ognja in z vročo smetano prelijemo narezano čokolado. Pustite stati 1 minuto, nato zmešajte, dokler ni gladka. Vmešajte koruzni sirup (če ga uporabljate).
l) Glazuro počasi prelijte po torti in pustite, da kaplja po straneh.
m) Pustite, da se glazura strdi vsaj 20 minut, preden jo narežete in postrežete!

## 69.Torta Oreo Bundt z vanilijevo glazuro

**SESTAVINE:**
**TORTA:**
- 340 gramov nesoljenega masla (1½ skodelice, 65°F, zmehčano)
- 337 gramov sladkorja
- 75 gramov temno rjavega sladkorja
- 3 velika jajca (sobne temperature)
- 1 čajna žlička paste iz stroka vanilije (ali ekstrakta vanilije)
- 279 gramov večnamenske moke
- 1 čajna žlička pecilnega praška
- ¾ čajne žličke diamantne kristalne košer soli
- 187 gramov polnomastnega mleka
- 40 gramov črnega kakava v prahu
- 20 gramov nesladkanega kakava v prahu
- 75 gramov polnomastne kisle smetane
- 8 Oreo piškotov

**PRELIVI:**
- 130 gramov sladkorja v prahu (presejan)
- 1 žlica nesoljenega masla (stopljenega)
- 4-6 žličk polnomastnega mleka
- 1 čajna žlička paste iz stroka vanilije (ali ekstrakta vanilije)
- 4 Oreo piškoti (narezani)

**NAVODILA:**
a) Maslo in jajca segrejte na sobno temperaturo. Maslo mora biti hladno, vendar mehko na dotik, ne stopljeno ali mastno.
b) Oba sladkorja odmerite v eno posodo. V drugi posodi zmešajte moko, pecilni prašek in sol. Dati na stran.
c) Presejte kakav v prahu. Pekač z 10 skodelicami namažite s pršilom proti prijemanju. Dati na stran.
d) Pečico segrejte na 350°F.

**BLOOM KAKAV V PRAHU:**
e) V majhnem loncu segrejte mleko na nizkem do srednjem ognju na štedilniku in lonec pogosto obračajte, dokler se ob robovih ne oblikujejo majhni mehurčki. Ciljajte na temperaturo 170°-180°F.
f) Odstavite z ognja in dodajte presejan kakav v prahu. Dobro premešajte, dokler ne ostane več grudic, nato dodajte kislo smetano in mešajte, dokler ni gladka in združena. Dati na stran.

**KREMA MASLO IN SLADKOR:**
g) Maslo narežite na velike kose in ga dajte v skledo stoječega mešalnika. Stepajte na srednji hitrosti, da se zmehča, približno 1 minuto.
h) Postrgajte po stenah posode in dodajte oba sladkorja. Stepajte na srednje nizki hitrosti, dokler v skledi ne ostane več sladkorja, nato povečajte hitrost na srednjo in nadaljujte z mešanjem smetane 3-7 minut.
i) Če sta maslo in sladkor primerno zmešana, bosta bledo rjava in puhasta, zračna in pasti podobna tekstura. Postrgajte po stenah sklede.
j) Eno po eno jajce razbijte v majhno skledo in ga dodajte v skledo mešalnika. Stepajte na srednji hitrosti vsaj 60 sekund, strgajte po posodi, preden dodate naslednje jajce.
k) Postrgajte posodo in na koncu ponovno stepajte.
l) Ko mešalnik deluje pri najnižji možni hitrosti, izmenično dodajte tretjino suhih in polovico mokrih sestavin, začnite in končajte s suhimi sestavinami.
m) Zaustavite mešalnik in med vsakim dodajanjem postrgajte posodo in stepalnik.

n) Mešalnik ustavite, ko je testo skoraj premešano in je vidnih le nekaj pramenov moke. Z lopatico vmešajte morebitne končne koščke suhih sestavin.

**SESTAVI:**
o) Približno polovico testa z žlico položite v pomaščen pekač.
p) Uporabite mini ofsetno lopatico, da zgladite testo in ga potisnite navzdol v vse kotičke in špranje v pekaču.
q) Po sredini pekača razporedite plast celih piškotov Oreo, čim bližje drug drugemu.
r) Preostalo testo z žlico razporedite po vrhu in ga razmažite po vseh kotih in gubah pekača.
s) Ponev nekajkrat udarite ob pult, da izbijete odvečne zračne mehurčke.

**PEKA:**
t) Pekač postavite v sredino ogrete pečice na 350 °F za 60–65 minut, dokler zobotrebec ali tester za torto, vstavljen v sredino, ne pride ven z le nekaj drobtinami.
u) Pekač odstranite na rešetko za hlajenje. Pustite, da se ohladi 15-20 minut, nato torto obrnite na rešetko, da se ohladi. Pustite, da se popolnoma ohladi, preden dodate glazuro.

**GLAS & PRELIV:**
v) V srednje veliko skledo za mešanje presejte sladkor v prahu.
w) Dodajte stopljeno maslo, pasto iz stroka vanilije in manjšo količino polnomastnega mleka. Stepajte, da se združi.
x) Počasi dodajte dodatno mleko po 1 čajno žličko ali ½ čajne žličke naenkrat, le po potrebi, dokler ne dobite goste, a tekoče glazure.
y) Glazuro nanesite ali pokapajte po vrhu torte.
z) Mokro glazuro prelijte s sesekljanimi Oreo piškoti, nato pa po vrhu potresite preostale Oreo drobtine.
aa) Pred rezanjem pustite, da se glazura strdi nekaj minut.

# 70.Trojna čokoladaFudge Bundt torta

**SESTAVINE:**
- 2 skodelici večnamenske moke
- 1 skodelica nesladkanega kakava v prahu
- 2 žlički pecilnega praška
- 1/2 čajne žličke sode bikarbone
- 1/2 čajne žličke soli
- 1 skodelica nesoljenega masla, zmehčanega
- 2 skodelici granuliranega sladkorja
- 4 jajca
- 1 čajna žlička vanilijevega ekstrakta
- 1 skodelica kisle smetane
- 1 skodelica polsladkih čokoladnih koščkov
- 1 skodelica koščkov mlečne čokolade
- 1 skodelica belih čokoladnih koščkov

**GLAZURA:**
- 1 skodelica polsladkih čokoladnih koščkov
- 1/2 skodelice težke smetane
- 1 žlica nesoljenega masla

**NAVODILA:**

a) Pečico segrejte na 350°F (175°C). Namastite in pomokajte pekač.
b) V srednji skledi zmešajte moko, kakav v prahu, pecilni prašek, sodo bikarbono in sol.
c) V veliki skledi stepamo maslo in sladkor, dokler ne postanejo rahli in puhasti. Eno za drugim stepemo jajca, nato primešamo vanilijo. Postopoma dodajte suhe sestavine k mokrim sestavinam, izmenično s kislo smetano, začnite in končajte s suhimi sestavinami. Zložite čokoladne koščke.
d) Testo vlijemo v pripravljen pekač in zgladimo vrh. Pecite 50-60 minut ali dokler zobotrebec, ki ga zapičite v sredino, ne izstopi čist. Pustite, da se torta ohlaja v pekaču 10 minut, nato pa jo prestavite na rešetko, da se popolnoma ohladi.
e) Za pripravo glazure dajte polsladke čokoladne koščke v toplotno odporno skledo. V majhni kozici segrevajte smetano in maslo na zmernem ognju, dokler ne začne vreti. Vročo smetano prelijte čez čokoladne koščke in pustite stati 2-3 minute. Mešajte do gladkega. Pustite, da se glazura hladi 10-15 minut, nato pa jo pokapajte po ohlajeni torti.

# 71. Čokoladno-malina vrtinčasta torta

**SESTAVINE:**
- 2 skodelici večnamenske moke
- 1 skodelica nesladkanega kakava v prahu
- 1 čajna žlička pecilnega praška
- 1/2 čajne žličke sode bikarbone
- 1/2 čajne žličke soli
- 1 skodelica nesoljenega masla, zmehčanega
- 2 skodelici granuliranega sladkorja
- 4 jajca
- 1 čajna žlička vanilijevega ekstrakta
- 1 skodelica pinjenca
- 1 skodelica svežih malin

**MALININ VRTILEC:**
- 1 skodelica svežih malin
- 2 žlici granuliranega sladkorja

**GLAZURA:**
- 1 skodelica sladkorja v prahu
- 2-3 žlice mleka
- 1/2 čajne žličke vanilijevega ekstrakta

**NAVODILA:**

a) Pečico segrejte na 350°F (175°C). Namastite in pomokajte pekač.
b) V srednji skledi zmešajte moko, kakav v prahu, pecilni prašek, sodo bikarbono in sol.
c) V veliki skledi stepamo maslo in sladkor, dokler ne postanejo rahli in puhasti. Eno za drugim stepemo jajca, nato primešamo vanilijo. Postopoma dodajte suhe sestavine mokrim sestavinam, izmenično z pinjencem, začnite in končajte s suhimi sestavinami.
d) V manjši skledi pretlačimo maline s sladkorjem, da se maline zasukajo.
e) Polovico testa vlijemo v pripravljen pekač. Polovico malinovega zvitka z žlico razporedite po testu. Ponovite s preostalim testom in malinovim vrtincem. Z nožem nežno premešajte mešanico testa in malin.
f) Pecite 50-60 minut ali dokler zobotrebec, ki ga zapičite v sredino, ne izstopi čist. Pustite, da se torta ohlaja v pekaču 10 minut, nato pa jo prestavite na rešetko, da se popolnoma ohladi.
g) Za glazuro zmešajte sladkor v prahu, mleko in vanilijev ekstrakt, dokler ni gladka. Pokapljamo po ohlajeni torti.

## 72.Bundt torta s temno čokolado in pomarančami

**SESTAVINE:**
- 2 skodelici večnamenske moke
- 1 skodelica nesladkanega kakava v prahu
- 1 1/2 žličke pecilnega praška
- 1/2 čajne žličke sode bikarbone
- 1/2 čajne žličke soli
- 1 skodelica nesoljenega masla, zmehčanega
- 2 skodelici granuliranega sladkorja
- 4 jajca
- Lupina 1 pomaranče
- 1/2 skodelice sveže iztisnjenega pomarančnega soka
- 1 skodelica kisle smetane
- 1 skodelica polsladkih čokoladnih koščkov

**GLAZURA:**
- 1 skodelica polsladkih čokoladnih koščkov
- 1/2 skodelice težke smetane
- Lupina 1 pomaranče (neobvezno)

**NAVODILA:**
a) Pečico segrejte na 350°F (175°C). Namastite in pomokajte pekač.
b) V srednji skledi zmešajte moko, kakav v prahu, pecilni prašek, sodo bikarbono in sol.
c) V veliki skledi stepamo maslo in sladkor, dokler ne postanejo rahli in puhasti. Eno za drugim stepemo jajca, nato primešamo pomarančno lupinico in sok. Postopoma dodajte suhe sestavine k mokrim sestavinam, izmenično s kislo smetano, začnite in končajte s suhimi sestavinami. Zložite čokoladne koščke.
d) Testo vlijemo v pripravljen pekač in zgladimo vrh. Pecite 50-60 minut ali dokler zobotrebec, ki ga zapičite v sredino, ne izstopi čist. Pustite, da se torta ohlaja v pekaču 10 minut, nato pa jo prestavite na rešetko, da se popolnoma ohladi.
e) Za pripravo glazure dajte polsladke čokoladne koščke v toplotno odporno skledo. V majhni kozici segrevajte smetano na srednjem ognju, dokler ne začne vreti. Vročo smetano prelijte čez čokoladne koščke in pustite stati 2-3 minute. Mešajte do gladkega. Pustite, da se glazura hladi 10-15 minut, nato pa jo pokapajte po ohlajeni torti. Po želji potresemo s pomarančno lupinico.

# TORTE S SIROM

# 73. Rdeči žametBundt torta

**SESTAVINE:**
- 1 ¼ skodelice rastlinskega olja
- 1 skodelica pinjenca
- 2 jajci
- 2 žlici rdeče jedilne barve
- 1 čajna žlička jabolčnega kisa
- 1 čajna žlička vanilijevega ekstrakta
- 2 ½ skodelice navadne moke
- 1 ¾ skodelice ricinusovega sladkorja
- 1 čajna žlička sode bikarbone
- Ščepec soli
- 1 ½ žlice kakava v prahu

**IZ KREMNEGA SIRA :**
- 225 g (8 unč) kremnega sira, sobne temperature
- 5 žlic nesoljenega masla
- 2 ½ skodelice sladkorja v prahu
- 1 čajna žlička vanilijevega ekstrakta

**NAVODILA:**
a) Pečico segrejemo na 180 stopinj C. Pekač namastimo in pomokamo.
b) V stojnem mešalniku ali z električnim mešalnikom zmešajte olje, pinjenec, jajca, jedilno barvo, kis in vanilijo. Dobro premešaj.
c) V ločeni skledi skupaj presejemo suhe sestavine. Postopoma dodajte k mokrim sestavinam in stepajte do gladkega.
d) Testo vlijemo v pripravljen pekač. Pečemo 50 minut ali dokler zobotrebec ne izstopi čist.
e) Odstranite iz pečice in pustite stati 10 minut. Počasi sprostite stranice in obrnite na rešetko, da se popolnoma ohladi.
f) Ko se ohladi, na vrh nanesite glazuro iz kremnega sira.

**PRIPRAVA GLAZURE IZ KREMNEGA SIRA :**
g) Maslo in kremni sir zmešajte v stalnem mešalniku ali z električnim mešalnikom.
h) Postopoma dodajte sladkor in vanilijo na nizki hitrosti, da se povežeta, nato pa na visoki hitrosti mešajte tri minute.

## 74.Buča Kremasti sirBundt Torta

**SESTAVINE:**
**TORTA:**
- 1 pločevinka buče (15 unč)
- 2 skodelici granuliranega sladkorja
- 4 velika jajca
- 1 skodelica svetlega oljčnega olja
- 2 skodelici večnamenske moke
- 2 žlički začimbe za bučno pito
- 2 žlički sode bikarbone
- ½ čajne žličke drobnozrnate morske soli

**IZ KREMNEGA SIRA :**
- 4 unče kremnega sira, zmehčanega
- ¼ skodelice nesoljenega masla, zmehčanega
- ½ čajne žličke vanilijevega ekstrakta
- 1 ¾ skodelice slaščičarskega sladkorja
- ¼ skodelice pol in pol ali mleka

**KANDIRANI OREHI:**
- 1 žlica nesoljenega masla
- 1 čajna žlička vanilijevega ekstrakta
- 1 skodelica polovic in kosov orehov
- ¼ skodelice granuliranega sladkorja
- ½ čajne žličke mletega ingverja
- ½ čajne žličke mletega cimeta
- ¼ čajne žličke mletih nageljnovih žbic

## NAVODILA:
### TORTA:
a) Pečico segrejte na 350°F. 10-palčno nagubano cevno ponev ali ponev za bundt popršite s pršilom za peko na osnovi moke (priporočeno: Baker's Joy).
b) V veliki skledi stepite bučo, sladkor, jajca in olje, dokler se dobro ne zmešajo.
c) V ločeni skledi zmešajte moko, začimbe za bučno pito, sodo bikarbono in sol. Postopoma stepajte suhe sestavine v bučno mešanico, dokler se dobro ne premešajo.
d) Testo vlijemo v pripravljen pekač in pečemo 50-55 minut ali dokler zobotrebec, ki ga zapičimo blizu sredine, ne izstopi čist. Pustite, da se torta ohlaja v pekaču 10 minut, preden jo obrnete na rešetko. Povsem ohladite.

### IZ KREMNEGA SIRA :
e) V majhni skledi stepite kremni sir, maslo in vanilijev ekstrakt, dokler se ne zmešajo.
f) Postopoma stepajte slaščičarski sladkor, nato dodajte pol in pol (ali mleko), dokler zmes ni gladka in dobro zmešana.
g) Glazuro prelijemo po vrhu torte, da se razlije in steče po straneh.

### KANDIRANI OREHI:
h) V ponvi ali ponvi na srednjem ognju stopite maslo. Dodajte vanilijev ekstrakt in granulirani sladkor ter pogosto mešajte, da se ne zažge.
i) Ko se sladkor začne topiti, dodajte cimet, ingver in nageljnove žbice. Mešajte, dokler ni mešanica dobro premešana.
j) Dodamo orehe in mešamo, dokler niso oreščki dobro prekriti.
k) Ugasnite ogenj in takoj z žlico razporedite polovice in koščke orehov na list pergamentnega papirja ter jih ločite, da se ne zlepijo.
l) Ko se oreščki ohladijo in se premaz strdi (približno 5 minut), jih potresemo po vrhu ledene torte.
m) Postrezite in uživajte v čudoviti kombinaciji okusov!

# 75. Bundt torta z limoninim kremnim sirom

**SESTAVINE:**
**ZA LIMONIN KOLAČ:**
- 3 skodelice večnamenske moke
- ¾ čajne žličke sode bikarbone
- ½ čajne žličke soli
- 1 skodelica nesoljenega masla, zmehčanega
- 2 ¼ skodelice granuliranega sladkorja
- 3 velika jajca
- 1 žlica limonine lupinice
- 2 žlici limoninega soka (sveže iztisnjenega)
- 2 žlički vanilijevega ekstrakta
- 1 skodelica kisle smetane, sobne temperature
- Rumena jedilna barva

**ZA KREMNI NADEV:**
- 8 unč kremnega sira, zmehčanega
- ½ skodelice granuliranega sladkorja
- 1 veliko jajce
- 1 žlica limonine lupinice
- 1 čajna žlička vanilijevega ekstrakta

**ZA GLAZURO:**
- 2 skodelici sladkorja v prahu
- 4-5 žlic polnomastnega mleka

**NAVODILA:**
**ZA LIMONIN KOLAČ:**
a) Pečico segrejte na 325 stopinj Fahrenheita. 10-palčno ponev standardne velikosti poškropite s pršilom proti prijemanju, da zagotovite pokritost vseh kotov in rež.
b) V srednje veliki skledi zmešajte moko, sodo bikarbono in sol. Dati na stran.
c) V stoječem mešalniku z nastavkom za lopatico ali veliki skledi z ročnim mešalnikom zmešajte maslo in sladkor, dokler ne postanejo rahli in puhasti. Postrgajte po straneh.
d) Dodajte eno jajce naenkrat, vsako popolnoma vmešajte, preden dodate naslednje.

e) Zmešajte limonino lupinico, limonin sok in vanilijo. Postrgajte dno in stranice posode.
f) Dodamo polovico mešanice moke, mešamo, dokler se ravno ne združi, nato dodamo polovico kisle smetane. Ponovite s preostalo moko in kislo smetano, pri čemer pazite, da skledo strgate za popolnost.
g) Vnesite barvilo za živila in mešajte, dokler ne dosežete želene barve brez prog. Testo odstavimo.

**ZA KREMNI NADEV:**
h) V drugi srednji skledi z ročnim ali stoječim mešalnikom stepite kremni sir do gladkega.
i) Dodajte sladkor in mešajte, dokler se ne združi.
j) Zmešajte jajce, limonino lupinico in vanilijev ekstrakt, dokler ni gladka in združena.
k) Približno polovico testa za torto vlijemo v pripravljen pekač.
l) Nadev iz kremnega sira z žlico razporedite po tortni masi, pri čemer se izogibajte robov in sredine pekača.
m) Na vrh dodajte preostalo tortno maso in jo enakomerno zgladite.
n) Torto pečemo 60 do 75 minut oziroma dokler zobotrebec ne izskoči iz nje. Nekaj vlažnih drobtin je sprejemljivih.
o) Pustite, da se torta 10 minut hladi v pekaču, nato pa jo obrnite na rešetko, da se popolnoma ohladi.

**ZA GLAZURO:**
p) Ko se torta ohladi, naredite glazuro tako, da v srednje veliki posodi stepete sladkor v prahu in mleko do gladkega. Začnite s 4 žlicami mleka in po potrebi dodajte več. Glazura mora biti gosta, a sipka.
q) Torto položite na stojalo za torto ali servirni krožnik. Glazuro enakomerno prelijemo po torti.
r) Pustite, da se glazura strdi približno 30 minut.
s) Narežite ga na koščke in uživajte v čudoviti kombinaciji limone, kremnega sira in sladkosti. Uživajte!

## 76. Bundt torta s čokoladno smetano in sirom

**SESTAVINE:**
**ZA TORTO:**
- ½ skodelice (113 g) masla, sobne temperature
- ½ skodelice (110 g) rastlinskega olja
- 1 ½ skodelice (300 g) sladkorja
- 3 jajca
- 1 čajna žlička (5 g) vanilijevega ekstrakta
- 1 skodelica (240 g) pinjenca
- 2 ¼ skodelice (280 g) večnamenske moke
- ¾ skodelice (90 g) kakava v prahu
- 3 čajne žličke (12 g) pecilnega praška
- 1 čajna žlička (5 g) soli

**ZA KREMNI NADEV:**
- 12 unč (350 g) kremnega sira, sobne temperature
- ¼ skodelice (50 g) granuliranega sladkorja
- 1 jajce
- 1 čajna žlička (5 g) vanilijevega ekstrakta

**ZA ČOKOLADNI GANACHE:**
- 4 unče (120 g) polsladke čokolade
- ½ skodelice (120 g) smetane za stepanje

## NAVODILA:
a) Pečico segrejte na 350 F (180 C). Maslo in prah z moko v 9 ali 10-palčni (23-25 cm) bundt pekač.

## PRIPRAVITE TESTO ZA ČOKOLADNO TORTO:
b) V veliki skledi zmešajte moko, kakav v prahu, sol in pecilni prašek. Dati na stran.
c) V drugi skledi zmešajte maslo s sladkorjem in rastlinskim oljem do kremaste mase. Eno za drugo vmešajte jajca. Dodajte vanilijev ekstrakt in premešajte, da se združi.
d) Ko je mešalnik na nizki stopnji, izmenično postopoma dodajajte pinjenec in mešanico moke, dokler ni vse dobro vključeno. Dati na stran.

## PRIPRAVITE KREMNI NADEV:
e) V veliki skledi zmešajte kremni sir do gladkega.
f) Dodajte sladkor, jajce in vanilijev ekstrakt ter mešajte, dokler se dobro ne poveže.

## SESTAVITE TORTO:
g) V pripravljen pekač vlijemo približno tretjino do polovice čokoladne mase. S hrbtno stranjo žlice naredite jarek.
h) Na sredino previdno položite nadev iz kremnega sira. Preostanek čokoladne mase nežno položite čez sirni nadev in na robove.
i) Pecite približno 60-65 minut ali dokler zobotrebec, ki ga zapičite v sredino, ne izstopi čist.
j) Pustite, da se rahlo ohladi v pekaču na rešetki približno 10-15 minut. Obrnite in popolnoma ohladite.

## ČOKOLADNI GANACHE PRIPRAVITE:
k) Čokolado in smetano dajte v toplotno odporno skledo in postavite nad ponev z vrelo vodo. Stopite na majhnem ognju.
l) Čokoladno bundt torto prelijemo z ganachejem. Pred serviranjem pustite, da se nekoliko strdi.
m) Ostanke hranite v hladilniku. Uživajte v dekadenci!

# 77. Korenčkova torta s sirom

**SESTAVINE:**
- 2 ¼ skodelice večnamenske moke
- 1 ½ žličke pecilnega praška
- 1 čajna žlička sode bikarbone
- ½ čajne žličke soli
- ½ čajne žličke mletega cimeta
- ¼ čajne žličke mletega muškatnega oreščka
- 2 skodelici naribanega korenja
- 1 ½ skodelice pakiranega svetlo rjavega sladkorja
- ¾ skodelice zdrobljenega ananasa, neodcejenega
- 4 jajca
- 1 skodelica rastlinskega olja
- 1 čajna žlička vanilije
- ½ skodelice sesekljanih pekanov
- 1 paket (250 g) kremnega sira, zmehčanega
- ⅓ skodelice granuliranega sladkorja
- 1 jajce
- 1 čajna žlička vanilije
- 1 ½ skodelice sladkorja v prahu
- ½ čajne žličke vanilije
- 3 do 4 žlice mleka ali močne smetane za stepanje
- Dodatni pekani, za okras, po želji

**NAVODILA:**

a) Pečico segrejte na 350° F. Pekač za torte z 12 skodelicami nagubanih cevi poškropite s pršilom za kuhanje ali namažite z maslom in rahlo pomokajte.

b) V veliki skledi zmešajte moko, pecilni prašek, sodo bikarbono, sol, cimet in muškatni orešček. Dodamo naribano korenje; vrzi na plašč. V srednji skledi stepite rjavi sladkor, ananas, 4 jajca, rastlinsko olje in 1 čajno žličko vanilije. Dodajte suhim sestavinam; mešajte, dokler se ne združi. Vmešajte sesekljane orehe pekane.

c) V srednje veliki posodi z metlico stepajte sestavine Kremasti sirVrtinec, dokler niso gladke.

d) V pekač vlijemo polovico mase za torte. Na vrh nanesite mešanico kremnega sira, pri čemer pustite 1 cm okoli robov. Na vrh z žlico razporedite preostalo testo za torto.

e) Pecite približno 60 minut oziroma dokler torta ne poskoči nazaj, ko jo nežno pritisnete. Ohladite v pekaču 15 minut, nato odstranite na rešetko za hlajenje, da se popolnoma ohladi, približno 1 uro.

f) V srednje veliki skledi zmešajte sladkor v prahu, ½ čajne žličke vanilije in toliko mleka, da dobite gosto, a sipko glazuro. Nežno prelijemo čez ohlajeno torto; vrh z orehi orehi. Pred serviranjem pustite stati 30 minut, da se glazura strdi.

## 78. Key Lime Jagoda Sirtorta Bundt Torta

## SESTAVINE:

**NADEV ZA SIRTORTA:**
- 8 unč kremnega sira
- ½ skodelice granuliranega sladkorja
- 1 jajce
- 1 čajna žlička vanilijevega ekstrakta
- 2 žlički večnamenske moke

**PODLOGA ZA TORTO:**
- 2 skodelici večnamenske moke
- 1 čajna žlička pecilnega praška
- ½ čajne žličke košer soli
- 1 skodelica nesoljenega masla
- 1 ⅔ skodelice granuliranega sladkorja
- 4 jajca
- ½ žličke vanilijevega ekstrakta
- ⅔ skodelice mleka

**KLJUČNA LIMETINA TORTA:**
- 1 limetin sok
- 2 olupljeni limeti
- Zelena jedilna barva

**JAGODNA TORTA:**
- ½ skodelice jagod, oluščenih in narezanih
- Rožnata jedilna barva

**GLAZURA JAGODA LIMETA:**
- 4 unče kremnega sira
- ½ skodelice sladkorja v prahu, presejanega
- 3 žlice limetinega soka
- ½ čajne žličke limetine lupinice
- 2 jagodi, oluščeni in narezani

## NAVODILA:

**NADEV ZA SIRTORTA:**

a) V skledi električnega mešalnika stepajte kremni sir in sladkor, da se dobro povežeta. Dodajte jajce, vanilijo in moko, dokler se dobro ne združijo. Dati na stran.

**PODLOGA ZA TORTO:**
b) Pečico segrejte na 325 stopinj F in ponev Heritage bundt z 10 skodelicami namastite s pršilom za kuhanje.
c) V srednji skledi zmešajte moko, pecilni prašek in sol. Dati na stran.
d) V stalnem mešalniku dodajte smetano maslo in sladkor 4-5 minut na srednje visoki hitrosti, dokler ne postanejo bledi in puhasti.
e) Mešajte jajca eno za drugim, po vsakem dodajanju popolnoma vmešajte. Dodajte vanilijo.
f) Z mešalnikom na nizki hitrosti dodajajte mešanico moke izmenično z mlekom in mešajte, dokler ni ravno združena.
g) Testo razdelite v 2 skledi. V enega zložite limetin sok, lupinico in zeleno jedilno barvo, v drugega pa sveže jagode in roza jedilno barvo.
h) Pripravite 2 vrečki za pecivo in vsako napolnite z enim testom. Testo izmenjujoče barve nanesite v gube pekača, pri čemer pazite, da se ne razlije v druge gube.
i) Ko so gube napolnjene, nadaljujte s polnjenjem pekača do polovice. Nadev za sirne torte vlijemo v sredino testa, ne da bi se dotikali robov pekača. Preostalo testo razporedite v izmenične plasti in ga po želji marmorirajte. Testo enakomerno porazdelite.
j) Pecite 55-60 minut ali dokler nabodalo ne pride ven čisto.
k) Odstranite iz pečice in pekač za 10-15 minut prestavite na rešetko za hlajenje. Torto zrahljajte tako, da jo udarite ob pult, da se zrahlja, nato pa torto obrnite na rešetko, da se popolnoma ohladi.

**GLAZURA JAGODA LIMETA:**
l) V majhni skledi zmešajte kremni sir in sladkor v prahu. Uporabite mešalnik za smetano in mešajte, dokler se dobro ne poveže.
m) V možnarju ali na dnu kozarca zmešajte limetin sok, lupinico in sesekljane jagode. Vmešajte v mešanico kremnega sira in po potrebi dodajte več limetinega soka, da se razredči.
n) Na topel kolač prelijemo glazuro. Okrasite z narezanimi jagodami in limetino lupinico.

# 79. Borovničevo limonin mascarpone Bundt torta

**SESTAVINE:**
- 2 skodelici večnamenske moke
- 1 skodelica granuliranega sladkorja
- 1/2 skodelice nesoljenega masla, zmehčanega
- 1/2 skodelice mascarpone sira, zmehčanega
- 1/2 skodelice mleka
- 2 jajci
- 1 čajna žlička vanilijevega ekstrakta
- 1 žlica limonine lupinice
- 1 žlica limoninega soka
- 1 čajna žlička pecilnega praška
- 1/2 čajne žličke sode bikarbone
- 1/4 čajne žličke soli
- 1 skodelica svežih borovnic

**ZA GLAZURO:**
- 1 skodelica sladkorja v prahu
- 2 žlici limoninega soka
- Dodatna limonina lupina za okras

**NAVODILA:**
a) Pečico segrejte na 350 °F (175 °C). Namastite in pomokajte pekač.
b) V veliki posodi za mešanje zmešajte maslo, mascarpone sir in granulirani sladkor, dokler ne postane svetlo in puhasto.
c) Eno za drugim stepite jajca, nato vmešajte vanilijev ekstrakt, limonino lupinico in limonin sok.
d) V ločeni skledi zmešajte moko, pecilni prašek, sodo bikarbono in sol.
e) Postopoma dodajajte suhe sestavine mokrim sestavinam, izmenično z mlekom. Mešajte, dokler se le ne združi.
f) Nežno vmešajte sveže borovnice.
g) Testo vlijemo v pripravljen pekač in ga po vrhu zgladimo z lopatko.
h) Pecite 45-50 minut ali dokler zobotrebec, ki ga zapičite v sredino, ne izstopi čist.
i) Pustite, da se torta 10 minut ohlaja v pekaču, preden jo prestavite na rešetko, da se popolnoma ohladi.
j) Za pripravo glazure zmešajte sladkor v prahu in limonin sok do gladkega. Ohlajeno torto prelijemo z glazuro in dodatno potresemo z limonino lupinico.
k) Pustite, da se glazura strdi, preden jo narežete in postrežete.

## 80.Ricotta pomarančna mandljeva torta

**SESTAVINE:**
- 2 skodelici večnamenske moke
- 1 skodelica granuliranega sladkorja
- 1/2 skodelice nesoljenega masla, zmehčanega
- 1 skodelica sira ricotta
- 1/4 skodelice svežega pomarančnega soka
- Lupina 1 pomaranče
- 2 jajci
- 1 čajna žlička vanilijevega ekstrakta
- 1 čajna žlička mandljevega ekstrakta
- 1 čajna žlička pecilnega praška
- 1/2 čajne žličke sode bikarbone
- 1/4 čajne žličke soli
- 1/2 skodelice narezanih mandljev, za okras

**NAVODILA:**
a) Pečico segrejte na 350 °F (175 °C). Namastite in pomokajte pekač.
b) V veliki posodi za mešanje zmešajte maslo, sir ricotta in granulirani sladkor, dokler ne postane svetlo in puhasto.
c) Stepite jajca, eno za drugim, nato vmešajte vanilijev ekstrakt, mandljev ekstrakt, pomarančni sok in pomarančno lupinico.
d) V ločeni skledi zmešajte moko, pecilni prašek, sodo bikarbono in sol.
e) Postopoma dodajajte suhe sestavine mokrim sestavinam in mešajte, dokler se le ne povežejo.
f) Testo vlijemo v pripravljen pekač in ga po vrhu zgladimo z lopatko.
g) Pecite 45-50 minut ali dokler zobotrebec, ki ga zapičite v sredino, ne izstopi čist.
h) Pustite, da se torta 10 minut ohlaja v pekaču, preden jo prestavite na rešetko, da se popolnoma ohladi.
i) Ko se ohladi, torto po vrhu potresemo z narezanimi mandlji.
j) Narežemo in postrežemo.

## 81. Bundt torta s kremnim sirom iz javorjevega oreha

**SESTAVINE:**
- 2 skodelici večnamenske moke
- 1 skodelica granuliranega sladkorja
- 1/2 skodelice nesoljenega masla, zmehčanega
- 1 skodelica kremnega sira, zmehčanega
- 1/4 skodelice javorjevega sirupa
- 1/4 skodelice mleka
- 2 jajci
- 1 čajna žlička vanilijevega ekstrakta
- 1 čajna žlička pecilnega praška
- 1/2 čajne žličke sode bikarbone
- 1/4 čajne žličke soli
- 1 skodelica sesekljanih pekanov

**ZA GLAZURO:**
- 1/2 skodelice sladkorja v prahu
- 2 žlici javorjevega sirupa
- 1 žlica mleka

**NAVODILA:**

a) Pečico segrejte na 350 °F (175 °C). Namastite in pomokajte pekač.
b) V veliki skledi za mešanje zmešajte maslo, kremni sir in granulirani sladkor, dokler ne postane svetlo in puhasto.
c) Eno za drugim stepite jajca, nato vmešajte javorjev sirup, mleko in vanilijev ekstrakt.
d) V ločeni skledi zmešajte moko, pecilni prašek, sodo bikarbono in sol.
e) Postopoma dodajajte suhe sestavine mokrim sestavinam in mešajte, dokler se le ne povežejo.
f) Zložite sesekljane pekane.
g) Testo vlijemo v pripravljen pekač in ga po vrhu zgladimo z lopatko.
h) Pecite 45-50 minut ali dokler zobotrebec, ki ga zapičite v sredino, ne izstopi čist.
i) Pustite, da se torta 10 minut ohlaja v pekaču, preden jo prestavite na rešetko, da se popolnoma ohladi.
j) Za pripravo glazure zmešajte sladkor v prahu, javorjev sirup in mleko, dokler ni gladka. Z glazuro prelijemo ohlajeno torto.
k) Pustite, da se glazura strdi, preden jo narežete in postrežete.

## 82.Torta z malinovo belo čokolado in sirom

**SESTAVINE:**
- 2 skodelici večnamenske moke
- 1 skodelica granuliranega sladkorja
- 1/2 skodelice nesoljenega masla, zmehčanega
- 1 skodelica kremnega sira, zmehčanega
- 1/4 skodelice mleka
- 2 jajci
- 1 čajna žlička vanilijevega ekstrakta
- 1 skodelica svežih malin
- 1/2 skodelice belih čokoladnih koščkov

**ZA GLAZURO:**
- 1/2 skodelice belih čokoladnih koščkov
- 2 žlici težke smetane
- Dodatne sveže maline za okras

**NAVODILA:**
a) Pečico segrejte na 350 °F (175 °C). Namastite in pomokajte pekač.
b) V veliki skledi za mešanje zmešajte maslo, kremni sir in granulirani sladkor, dokler ne postane svetlo in puhasto.
c) Eno za drugim stepemo jajca, nato vmešamo mleko in vanilijev ekstrakt.
d) V ločeni skledi zmešajte moko in koščke bele čokolade.
e) Postopoma dodajajte suhe sestavine mokrim sestavinam in mešajte, dokler se le ne povežejo.
f) Nežno vmešajte sveže maline.
g) Testo vlijemo v pripravljen pekač in ga po vrhu zgladimo z lopatko.
h) Pecite 45-50 minut ali dokler zobotrebec, ki ga zapičite v sredino, ne izstopi čist.
i) Pustite, da se torta 10 minut ohlaja v pekaču, preden jo prestavite na rešetko, da se popolnoma ohladi.
j) Za pripravo glazure stopite koščke bele čokolade in smetano skupaj v posodi, primerni za mikrovalovno pečico, ter mešajte, dokler ne postane gladka. Ohlajeno torto prelijemo z glazuro in okrasimo s svežimi malinami.
k) Pustite, da se glazura strdi, preden jo narežete in postrežete.

# BOOZY BUNDT TORTE

## 83. Limoncello Bundt torta

**SESTAVINE:**
**ZA TORTO:**
- 2 ½ skodelice večnamenske moke
- 2 žlički pecilnega praška
- ½ čajne žličke soli
- 1 skodelica nesoljenega masla, zmehčanega
- 2 skodelici granuliranega sladkorja
- 4 velika jajca
- 1 čajna žlička vanilijevega ekstrakta
- ¼ skodelice likerja Limoncello
- ½ skodelice mleka

**ZA GLAZURO:**
- 1 skodelica sladkorja v prahu
- 2 žlici likerja Limoncello
- 1 žlica svežega limoninega soka
- Limonina lupina za okras

**NAVODILA:**

a) Pečico segrejte na 350°F (175°C). Namastite in pomokajte Bundt pekač.

b) V srednji skledi zmešajte moko, pecilni prašek in sol.

c) V veliki posodi za mešanje penasto stepite maslo in granulirani sladkor, dokler ne postanejo rahli in puhasti.

d) Eno za drugim stepemo jajca, nato pa vanilijev ekstrakt.

e) Masleni mešanici postopoma dodajajte suhe sestavine, izmenjaje z likerjem Limoncello in mlekom. Začnite in končajte s suhimi sestavinami.

f) Testo vlijemo v pripravljen Bundt pekač in ga enakomerno razporedimo.

g) Pecite 45-50 minut ali dokler zobotrebec, ki ga zapičite v sredino, ne izstopi čist.

h) Torto vzamemo iz pečice in pustimo, da se 10 minut ohladi v pekaču. Nato ga prestavimo na rešetko, da se popolnoma ohladi.

i) V majhni skledi zmešajte sladkor v prahu, liker Limoncello in svež limonin sok, da naredite glazuro.

j) Z glazuro prelijemo ohlajeno torto.

k) Okrasite z limonino lupinico.

l) Narežite in postrezite čudovito domačo torto Limoncello Bundt.

## 84.Baileys Funt Torta

**SESTAVINE:**
**ZA FUNT TORTO:**
- 1 skodelica polnomastnega mleka
- 1 žlica belega kisa
- 3 skodelice večnamenske moke
- 2 žlički mletega cimeta
- ½ čajne žličke sode bikarbone
- ½ čajne žličke soli
- 1 skodelica nesoljenega masla, zmehčanega
- 2 ¾ skodelice granuliranega sladkorja
- 4 velika jajca
- 1 žlica vanilijevega ekstrakta
- ¼ skodelice Baileys

**ZA OMAKO BAILEYS:**
- ½ skodelice nesoljenega masla
- ½ skodelice pakiranega rjavega sladkorja
- ½ skodelice granuliranega sladkorja
- ⅓ skodelice pol in pol
- 3 žlice Baileys

**NAVODILA:**
a) Pečico segrejte na 325°F. 10-palčni pekač namastite s pršilom za peko ali maslom in pomokajte. Dati na stran.
b) V manjši skledi zmešajte mleko in kis. Dati na stran. V srednji skledi zmešajte moko, cimet, sodo bikarbono in sol. Dati na stran.
c) V veliko skledo stojnega mešalnika dodajte smetano maslo in sladkor, dokler ne postane svetlo in puhasto. Eno za drugim stepite jajca, nato vmešajte vanilijev ekstrakt, dokler se dobro ne združi. Beat v mešanici moke izmenično z mlekom in Baileys.
d) Testo vlijemo v pripravljen pekač. Pecite 55 do 65 minut, dokler se sredina ne strdi in zobotrebec, ki ga vstavite, ne izstopi čist. Pustite, da se torta ohladi 30 minut, preden jo obrnete na tortni krožnik.

**AMARETTO OMAKA:**
e) V majhni ponvi zmešajte maslo, rjavi sladkor in granulirani sladkor. Segrevajte na srednjem ognju in pogosto mešajte, dokler ni gladka. Dodamo smetano in Baileys ter pustimo vreti. Med pogostim mešanjem kuhajte 7 minut. Odstranite z ognja in pustite, da se ohladi 10 minut.
f) Funt torto postrezite toplo in vsako rezino pokapajte z omako Baileys.

# 85. Irska kavna torta z omako iz viskija

**SESTAVINE:**
**BUNDT TORTA:**
- 6 unč nesoljenega masla, sobne temperature, narezanega na koščke, plus dodatek za mast
- 8 unč rjavega sladkorja
- 5 unč močno kuhane kave, sobne temperature
- 2 unči irskega viskija
- 3 velika jajca in 1 rumenjak iz velikega jajca
- 1 čajna žlička vanilijevega ekstrakta
- 12 ½ unč večnamenske moke
- 1 žlica pecilnega praška
- 1 čajna žlička sode bikarbone
- ⅛ čajne žličke soli

**WHISKY KARAMELNA OMAKA:**
- 3 unče nesoljenega masla, narezanega na koščke
- 3 unče rjavega sladkorja
- 2 unči irskega viskija
- 1 ščepec soli
- 2 unči težke smetane za stepanje

**NAVODILA:**
**ZA BUNDT TORTO:**
a) Pečico segrejte na 350°F (175°C). Pekač Bundt namastite z maslom.
b) V posodi za mešanje penasto stepite maslo sobne temperature in rjavi sladkor, dokler ne postane svetlo in puhasto.
c) Dodajte kuhano kavo, irski viski, jajca, jajčni rumenjak in vanilijev ekstrakt v kremasto zmes. Dobro premešaj.
d) V ločeni skledi zmešajte večnamensko moko, pecilni prašek, sodo bikarbono in sol.
e) Postopoma dodajajte suhe sestavine mokrim sestavinam in mešajte, dokler se le ne povežejo.
f) Testo vlijemo v pripravljen Bundt pekač in ga enakomerno porazdelimo.
g) Pecite v predhodno ogreti pečici približno 45-50 minut oziroma dokler zobotrebec, ki ga zapičite v sredino, ne izstopi čist.
h) Pustite, da se torta 10 minut ohlaja v pekaču, preden jo prestavite na rešetko, da se popolnoma ohladi.

**ZA KARAMELNO OMAKO WHISKEY:**
i) V kozici na zmernem ognju raztopimo maslo za karamelno omako.
j) Dodajte rjavi sladkor, irski viski in ščepec soli. Nenehno mešajte, dokler se sladkor ne raztopi in zmes postane gladka.
k) Med mešanjem postopoma dodajajte močno smetano za stepanje. Nadaljujte s kuhanjem še nekaj minut, dokler se omaka ne zgosti.
l) Odstranite z ognja in pustite, da se nekoliko ohladi.

**SESTAVLJANJE:**
m) Ko je torta popolnoma ohlajena, jo po vrhu pokapajte s karamelno omako Whisky.
n) Narežite in postrezite ter uživajte v bogatih okusih irske kave v obliki torte.

## 86. Torta Amaretto Bundt

**SESTAVINE:**
**TORTA:**
- 2 ½ skodelice moke
- ¾ čajne žličke pecilnega praška brez aluminija
- ¼ čajne žličke sode bikarbone
- ½ čajne žličke soli
- 10 žlic nesoljenega masla, pri sobni temperaturi
- 3 unče mandljeve paste, narezane na kocke
- 1 ¼ skodelice sladkorja
- 2 veliki jajci, pri sobni temperaturi
- 1 skodelica pinjenca z nizko vsebnostjo maščobe pri sobni temperaturi
- 2 žlici amaretta
- 1 čajna žlička čistega mandljevega ekstrakta

**GLAZURA:**
- 1 žlica stopljenega masla
- Ščepec soli
- 1/16 čajne žličke čistega mandljevega ekstrakta
- 1 žlica amaretta
- 1 žlica mleka
- ¾ skodelice sladkorja v prahu, presejanega

**NAVODILA:**
a) Pečico segrejte na 350 °F in pekač z 10 skodelicami izdatno poškropite s pršilom proti prijemanju. V srednji skledi zmešajte moko, pecilni prašek, sodo bikarbono in sol.
b) V veliki skledi mešalnika stepite maslo, mandljevo pasto in sladkor na srednji hitrosti, dokler ne postanejo bledi in puhasti. Zmanjšajte hitrost na nizko in dodajte jajca eno za drugo.
c) V majhni skledi zmešajte pinjenec, amaretto in mandljev ekstrakt. Mešanico moke stepajte v treh odmerkih, izmenično z mešanico pinjenca (začnite in končajte z mešanico moke), dokler ni mešanica.
d) Testo z žlico vlijemo v pripravljen pekač za bundt in ga zgladimo z lopatico. Po posodi močno potrkajte, da zmanjšate zračne mehurčke.
e) Pecite 40 do 45 minut, dokler torta ne postane zlatorjave barve, ne poskoči nazaj na dotik in testo, vstavljeno v sredino, ne pride ven čisto ali z nekaj drobtinami. Ohladite v pekaču na rešetki 10 minut; previdno obrnite na rešetko in popolnoma ohladite.
f) Za glazuro v majhni skledi stepite stopljeno maslo, sol, mandljev ekstrakt, amaretto, mleko in sladkor v prahu. Glazuro prelijte po torti in pustite, da se strdi, preden jo postrežete.
g) Ostanke shranjujte v npredušni posodi pri sobni temperaturi.

# 87. Bundt torta z rumovimi rozinami

**SESTAVINE:**
- 1 skodelica temnega ruma
- 1 skodelica rozin
- 3 skodelice večnamenske moke
- 1 čajna žlička pecilnega praška
- 1/2 čajne žličke sode bikarbone
- 1/2 čajne žličke soli
- 1 skodelica nesoljenega masla, zmehčanega
- 2 skodelici granuliranega sladkorja
- 4 jajca
- 1 čajna žlička vanilijevega ekstrakta
- 1 skodelica kisle smetane

**GLAZURA:**
- 1 skodelica sladkorja v prahu
- 2-3 žlice temnega ruma
- 1 žlica težke smetane

**NAVODILA:**
a) Pečico segrejte na 350°F (175°C). Namastite in pomokajte pekač.
b) V manjši kozici na šibkem ognju segrejemo rum. Dodajte rozine in pustite, da se namakajo 15-20 minut. Odcedimo in odstavimo.
c) V srednji skledi zmešajte moko, pecilni prašek, sodo bikarbono in sol.
d) V veliki skledi stepamo maslo in sladkor, dokler ne postanejo rahli in puhasti. Eno za drugim stepemo jajca, nato primešamo vanilijo. Masleni mešanici postopoma dodajajte suhe sestavine, izmenjaje s kislo smetano, začnite in končajte s suhimi sestavinami. Zložimo namočene rozine.
e) Testo vlijemo v pripravljen pekač. Pecite 50-60 minut ali dokler zobotrebec, ki ga zapičite v sredino, ne izstopi čist. Ohladite v ponvi 10 minut, nato pa obrnite na rešetko, da se popolnoma ohladi.
f) Za glazuro stepite sladkor v prahu, rum in smetano, dokler ni gladka. Pokapljamo po ohlajeni torti.

## 88.Bourbon čokoladna torta Bundt

**SESTAVINE:**
- 1 skodelica nesoljenega masla
- 1/3 skodelice nesladkanega kakava v prahu
- 1 skodelica vode
- 2 skodelici granuliranega sladkorja
- 2 skodelici večnamenske moke
- 1 čajna žlička sode bikarbone
- 1/2 čajne žličke soli
- 2 veliki jajci
- 1/2 skodelice kisle smetane
- 1 čajna žlička vanilijevega ekstrakta
- 1/4 skodelice burbona

**GLAZURA:**
- 1 skodelica sladkorja v prahu
- 2 žlici burbona
- 1 žlica mleka

**NAVODILA:**
a) Pečico segrejte na 350°F (175°C). Namastite in pomokajte pekač.
b) V srednji ponvi zmešajte maslo, kakav v prahu in vodo. Med nenehnim mešanjem zavremo. Odstranite z ognja.
c) V veliki skledi zmešajte sladkor, moko, sodo bikarbono in sol. Dodajte vročo mešanico kakava in stepajte do gladkega.
d) V ločeni skledi zmešajte jajca, kislo smetano, vanilijo in burbon. Postopoma dodajte kakavovi zmesi in stepajte, dokler se dobro ne premeša.
e) Testo vlijemo v pripravljen pekač. Pecite 40-45 minut ali dokler zobotrebec, ki ga zapičite v sredino, ne izstopi čist. Ohladite v ponvi 10 minut, nato pa obrnite na rešetko, da se popolnoma ohladi.
f) Za glazuro zmešajte sladkor v prahu, burbon in mleko do gladkega. Pokapljamo po ohlajeni torti.

## 89. Grand Marnier Orange Bundt Torta

**SESTAVINE:**
- 1 skodelica nesoljenega masla, zmehčanega
- 2 skodelici granuliranega sladkorja
- 4 velika jajca
- 3 skodelice večnamenske moke
- 1 žlica pecilnega praška
- 1/2 čajne žličke soli
- 1 skodelica kisle smetane
- 1/4 skodelice Grand Marnier (pomarančni liker)
- Lupina 2 pomaranč
- 1/4 skodelice svežega pomarančnega soka

**GLAZURA:**
- 1 skodelica sladkorja v prahu
- 2-3 žlice Grand Marnier
- Pomarančna lupina za okras

**NAVODILA:**
a) Pečico segrejte na 350°F (175°C). Namastite in pomokajte pekač.
b) V veliki skledi stepamo maslo in sladkor, dokler ne postanejo rahli in puhasti. Dodajte jajca eno za drugo, po vsakem dodajanju dobro stepite.
c) V ločeni skledi zmešajte moko, pecilni prašek in sol. Postopoma dodajajte kremni mešanici izmenično s kislo smetano, začnite in končajte z mešanico moke. Vmešajte Grand Marnier, pomarančno lupinico in pomarančni sok.
d) Testo vlijemo v pripravljen pekač. Pecite 50-60 minut ali dokler zobotrebec, ki ga zapičite v sredino, ne izstopi čist. Ohladite v ponvi 10 minut, nato pa obrnite na rešetko, da se popolnoma ohladi.
e) Za glazuro stepite sladkor v prahu in Grand Marnier do gladkega. Ohlajeno torto pokapljamo in okrasimo s pomarančno lupinico.

## 90.Kahlua čokoladna torta

**SESTAVINE:**
- 1 skodelica nesoljenega masla
- 1/4 skodelice nesladkanega kakava v prahu
- 1 skodelica vode
- 2 skodelici granuliranega sladkorja
- 2 skodelici večnamenske moke
- 1 čajna žlička sode bikarbone
- 1/2 čajne žličke soli
- 2 veliki jajci
- 1/2 skodelice kisle smetane
- 1 čajna žlička vanilijevega ekstrakta
- 1/2 skodelice Kahlua (kavni liker)

**GLAZURA:**
- 1 skodelica sladkorja v prahu
- 2 žlici Kahlua
- 1 žlica mleka

**NAVODILA:**
a) Pečico segrejte na 350°F (175°C). Namastite in pomokajte pekač.
b) V srednji ponvi zmešajte maslo, kakav v prahu in vodo. Med nenehnim mešanjem zavremo. Odstranite z ognja.
c) V veliki skledi zmešajte sladkor, moko, sodo bikarbono in sol. Dodajte vročo mešanico kakava in stepajte do gladkega.
d) V ločeni skledi zmešajte jajca, kislo smetano, vanilijo in kahluo. Postopoma dodajte kakavovi zmesi in stepajte, dokler se dobro ne premeša.
e) Testo vlijemo v pripravljen pekač. Pecite 40-45 minut ali dokler zobotrebec, ki ga zapičite v sredino, ne izstopi čist. Ohladite v ponvi 10 minut, nato pa obrnite na rešetko, da se popolnoma ohladi.
f) Za glazuro zmešajte sladkor v prahu, kahluo in mleko, dokler ni gladka. Pokapljamo po ohlajeni torti.

# 91.Začinjena torta z rumom in ananasom Bundt

## SESTAVINE:
- 2 skodelici večnamenske moke
- 1 skodelica granuliranega sladkorja
- 1/2 skodelice nesoljenega masla, zmehčanega
- 1/2 skodelice kisle smetane
- 1/2 skodelice zdrobljenega ananasa, odcejenega
- 1/4 skodelice začinjenega ruma
- 2 jajci
- 1 čajna žlička vanilijevega ekstrakta
- 1 čajna žlička pecilnega praška
- 1/2 čajne žličke sode bikarbone
- 1/4 čajne žličke soli

## ZA GLAZURO:
- 1 skodelica sladkorja v prahu
- 2 žlici začinjenega ruma
- 1 žlica ananasovega soka

## NAVODILA:
a) Pečico segrejte na 350 °F (175 °C). Namastite in pomokajte pekač.
b) V veliki posodi za mešanje penasto stepite maslo in granulirani sladkor, dokler ne postanejo rahli in puhasti.
c) Eno za drugim stepite jajca, nato vmešajte vanilijev ekstrakt.
d) Vmešajte kislo smetano, zdrobljen ananas in začinjen rum, dokler se dobro ne poveže.
e) V ločeni skledi zmešajte moko, pecilni prašek, sodo bikarbono in sol.
f) Postopoma dodajajte suhe sestavine mokrim sestavinam in mešajte, dokler se le ne povežejo.
g) Testo vlijemo v pripravljen pekač in ga po vrhu zgladimo z lopatko.
h) Pecite 45-50 minut ali dokler zobotrebec, ki ga zapičite v sredino, ne izstopi čist.
i) Pustite, da se torta 10 minut ohlaja v pekaču, preden jo prestavite na rešetko, da se popolnoma ohladi.
j) Za glazuro zmešajte sladkor v prahu, začinjen rum in ananasov sok do gladkega. Z glazuro prelijemo ohlajeno torto.
k) Pustite, da se glazura strdi, preden jo narežete in postrežete.

# 92. Z žganjem prepojena češnjeva mandljeva torta

**SESTAVINE:**
- 1 skodelica posušenih češenj
- 1/2 skodelice žganja
- 2 skodelici večnamenske moke
- 1 skodelica granuliranega sladkorja
- 1/2 skodelice nesoljenega masla, zmehčanega
- 1/2 skodelice kisle smetane
- 1/2 skodelice sesekljanih mandljev
- 2 jajci
- 1 čajna žlička mandljevega ekstrakta
- 1 čajna žlička vanilijevega ekstrakta
- 1 čajna žlička pecilnega praška
- 1/2 čajne žličke sode bikarbone
- 1/4 čajne žličke soli

**ZA GLAZURO:**
- 1 skodelica sladkorja v prahu
- 2 žlici žganja

**NAVODILA:**
a) V manjši skledi posušene češnje namočimo v žganje vsaj 1 uro, po možnosti tudi čez noč.
b) Pečico segrejte na 350 °F (175 °C). Namastite in pomokajte pekač.
c) V veliki posodi za mešanje penasto stepite maslo in granulirani sladkor, dokler ne postanejo rahli in puhasti.
d) Eno za drugim stepite jajca, nato vmešajte mandljev in vaniljev ekstrakt.
e) Mešajte kislo smetano, dokler se dobro ne poveže.
f) V ločeni skledi zmešajte moko, pecilni prašek, sodo bikarbono in sol.
g) Postopoma dodajajte suhe sestavine mokrim sestavinam in mešajte, dokler se le ne povežejo.
h) Dodamo namočene češnje (vključno s preostalim žganjem) in sesekljane mandlje.
i) Testo vlijemo v pripravljen pekač in ga po vrhu zgladimo z lopatko.
j) Pecite 45-50 minut ali dokler zobotrebec, ki ga zapičite v sredino, ne izstopi čist.
k) Pustite, da se torta 10 minut ohlaja v pekaču, preden jo prestavite na rešetko, da se popolnoma ohladi.
l) Če želite narediti glazuro, skupaj zmešajte sladkor v prahu in žganje, dokler ni gladko. Z glazuro prelijemo ohlajeno torto.
m) Pustite, da se glazura strdi, preden jo narežete in postrežete.

## 93.Prosecco malinova torta

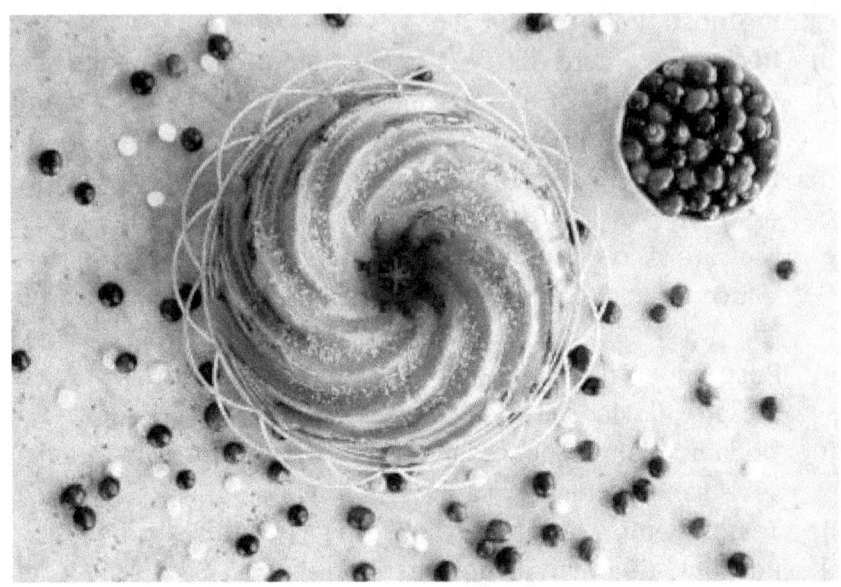

**SESTAVINE:**
- 2 skodelici večnamenske moke
- 1 skodelica granuliranega sladkorja
- 1/2 skodelice nesoljenega masla, zmehčanega
- 1/2 skodelice Prosecca
- 1/2 skodelice mleka
- 1 skodelica svežih malin
- 2 jajci
- 1 čajna žlička vanilijevega ekstrakta
- 1 čajna žlička pecilnega praška
- 1/2 čajne žličke sode bikarbone
- 1/4 čajne žličke soli

**ZA GLAZURO:**
- 1 skodelica sladkorja v prahu
- 2 žlici Prosecca

**NAVODILA:**
a) Pečico segrejte na 350 °F (175 °C). Namastite in pomokajte pekač.
b) V veliki posodi za mešanje penasto stepite maslo in granulirani sladkor, dokler ne postanejo rahli in puhasti.
c) Eno za drugim stepite jajca, nato vmešajte vanilijev ekstrakt.
d) Mešajte Prosecco in mleko, dokler se dobro ne združita.
e) V ločeni skledi zmešajte moko, pecilni prašek, sodo bikarbono in sol.
f) Postopoma dodajajte suhe sestavine mokrim sestavinam in mešajte, dokler se le ne povežejo.
g) Nežno vmešajte sveže maline.
h) Testo vlijemo v pripravljen pekač in ga po vrhu zgladimo z lopatko.
i) Pecite 45-50 minut ali dokler zobotrebec, ki ga zapičite v sredino, ne izstopi čist.
j) Pustite, da se torta 10 minut ohlaja v pekaču, preden jo prestavite na rešetko, da se popolnoma ohladi.
k) Za glazuro zmešajte sladkor v prahu in Prosecco, dokler ni gladka. Z glazuro prelijemo ohlajeno torto.
l) Pustite, da se glazura strdi, preden jo narežete in postrežete.

## 94. Tequila Lime Bundt Torta

**SESTAVINE:**
- 2 skodelici večnamenske moke
- 1 skodelica granuliranega sladkorja
- 1/2 skodelice nesoljenega masla, zmehčanega
- 1/2 skodelice kisle smetane
- 1/4 skodelice tekile
- Lupina in sok 2 limet
- 2 jajci
- 1 čajna žlička vanilijevega ekstrakta
- 1 čajna žlička pecilnega praška
- 1/2 čajne žličke sode bikarbone
- 1/4 čajne žličke soli

**ZA GLAZURO:**
- 1 skodelica sladkorja v prahu
- 2 žlici tekile
- Lupina 1 limete

**NAVODILA:**
a) Pečico segrejte na 350 °F (175 °C). Namastite in pomokajte pekač.
b) V veliki posodi za mešanje penasto stepite maslo in granulirani sladkor, dokler ne postanejo rahli in puhasti.
c) Eno za drugim stepite jajca, nato vmešajte vanilijev ekstrakt.
d) Vmešajte kislo smetano, tekilo, limetino lupinico in limetin sok, dokler se dobro ne premešajo.
e) V ločeni skledi zmešajte moko, pecilni prašek, sodo bikarbono in sol.
f) Postopoma dodajajte suhe sestavine mokrim sestavinam in mešajte, dokler se le ne povežejo.
g) Testo vlijemo v pripravljen pekač in ga po vrhu zgladimo z lopatko.
h) Pecite 45-50 minut ali dokler zobotrebec, ki ga zapičite v sredino, ne izstopi čist.
i) Pustite, da se torta 10 minut ohlaja v pekaču, preden jo prestavite na rešetko, da se popolnoma ohladi.
j) Za glazuro zmešajte sladkor v prahu in tekilo do gladkega. Ohlajeno torto prelijemo z glazuro in potresemo z limetino lupinico.
k) Pustite, da se glazura strdi, preden jo narežete in postrežete.

# BARVIT IN USTVARJALEN

## 95.Mavrična torta Vrtinec Bundt

**SESTAVINE:**
- 2 1/2 skodelice večnamenske moke
- 1 1/2 skodelice granuliranega sladkorja
- 1 skodelica nesoljenega masla, zmehčanega
- 4 jajca
- 1 skodelica mleka
- 1 žlica vanilijevega ekstrakta
- 1 žlica pecilnega praška
- 1/2 čajne žličke soli
- Gel barvilo za živila (različne barve)

**NAVODILA:**
a) Pečico segrejte na 350 °F (175 °C). Namastite in pomokajte pekač.
b) V veliki posodi za mešanje penasto zmešajte maslo in sladkor, dokler ne postane svetlo in puhasto.
c) Eno za drugim stepite jajca, nato vmešajte vanilijev ekstrakt.
d) V ločeni skledi zmešajte moko, pecilni prašek in sol.
e) Postopoma dodajajte suhe sestavine mokrim sestavinam, izmenično z mlekom, in mešajte do gladkega.
f) Testo enakomerno razdelite v ločene sklede, odvisno od tega, koliko barv želite uporabiti.
g) Dodajte nekaj kapljic gelaste jedilne barve v vsako skledo in mešajte, dokler ne dosežete želene barve.
h) Z žlico naložite obarvano testo v pripravljen pekač za bundt in ga položite enega na drugega.
i) Uporabite nož ali nabodalo, da nežno zavrtite barve skupaj in ustvarite učinek marmoriranja.
j) Pecite 45-50 minut ali dokler zobotrebec, ki ga zapičite v sredino, ne izstopi čist.
k) Pustite, da se torta 10 minut ohlaja v pekaču, preden jo prestavite na rešetko, da se popolnoma ohladi.
l) Ko se ohladi, ga narežite in postrezite, da se razkrijejo pisani vrtinci v notranjosti.

# 96. Tie-Dye Bundt torta

**SESTAVINE:**
- 2 1/2 skodelice večnamenske moke
- 1 1/2 skodelice granuliranega sladkorja
- 1 skodelica nesoljenega masla, zmehčanega
- 4 jajca
- 1 skodelica mleka
- 1 žlica vanilijevega ekstrakta
- 1 žlica pecilnega praška
- 1/2 čajne žličke soli
- Gel barvilo za živila (različne barve)

**NAVODILA:**
a) Pečico segrejte na 350 °F (175 °C). Namastite in pomokajte pekač.
b) V veliki posodi za mešanje penasto zmešajte maslo in sladkor, dokler ne postane svetlo in puhasto.
c) Eno za drugim stepite jajca, nato vmešajte vanilijev ekstrakt.
d) V ločeni skledi zmešajte moko, pecilni prašek in sol.
e) Postopoma dodajajte suhe sestavine mokrim sestavinam, izmenično z mlekom, in mešajte do gladkega.
f) Testo enakomerno razdelite v ločene sklede, odvisno od tega, koliko barv želite uporabiti.
g) Dodajte nekaj kapljic gelaste jedilne barve v vsako skledo in mešajte, dokler ne dosežete želene barve.
h) Z žlico naključno naložite majhne kepice vsakega obarvanega testa v pripravljen pekač in jih položite eno na drugo.
i) Uporabite nož ali nabodalo, da nežno zavrtite barve skupaj in ustvarite učinek tie-dye.
j) Pecite 45-50 minut ali dokler zobotrebec, ki ga zapičite v sredino, ne izstopi čist.
k) Pustite, da se torta 10 minut ohlaja v pekaču, preden jo prestavite na rešetko, da se popolnoma ohladi.
l) Ko je ohlajen, ga narežite in postrezite, da razkrijete živahen vzorec tie-dye v notranjosti.

## 97. Neapeljska Bundt torta

## SESTAVINE:

- 2 1/2 skodelice večnamenske moke
- 1 1/2 skodelice granuliranega sladkorja
- 1 skodelica nesoljenega masla, zmehčanega
- 4 jajca
- 1 skodelica mleka
- 1 žlica vanilijevega ekstrakta
- 1 žlica pecilnega praška
- 1/2 čajne žličke soli
- 1/4 skodelice nesladkanega kakava v prahu
- Roza gel barvilo za živila

## NAVODILA:

a) Pečico segrejte na 350 °F (175 °C). Namastite in pomokajte pekač.
b) V veliki posodi za mešanje penasto zmešajte maslo in sladkor, dokler ne postane svetlo in puhasto.
c) Eno za drugim stepite jajca, nato vmešajte vanilijev ekstrakt.
d) V ločeni skledi zmešajte moko, pecilni prašek in sol.
e) Postopoma dodajajte suhe sestavine mokrim sestavinam, izmenično z mlekom, in mešajte do gladkega.
f) Testo enakomerno razdelite v dve skledi.
g) V eno skledo dodajte nesladkan kakav v prahu, dokler se dobro ne premeša, da dobite čokoladno testo.
h) V drugo skledo dodajte nekaj kapljic roza gelaste jedilne barve in mešajte, dokler ne dosežete želene barve, da ustvarite rožnato testo.
i) V pripravljen pekač nanesite izmenično čokoladno in rožnato testo, začnite in končajte s čokoladnim testom.
j) Pecite 45-50 minut ali dokler zobotrebec, ki ga zapičite v sredino, ne izstopi čist.
k) Pustite, da se torta 10 minut ohlaja v pekaču, preden jo prestavite na rešetko, da se popolnoma ohladi.
l) Ko se ohladi, narežite in postrezite, da se razkrijejo neapeljske plasti v notranjosti.

## 98.Orange Creamsicle Bundt Torta

**SESTAVINE:**
- 2 1/2 skodelice večnamenske moke
- 1 1/2 skodelice granuliranega sladkorja
- 1 skodelica nesoljenega masla, zmehčanega
- 4 jajca
- 1 skodelica mleka
- 1 žlica vanilijevega ekstrakta
- 1 žlica pecilnega praška
- 1/2 čajne žličke soli
- Lupina 2 pomaranč
- 1/4 skodelice svežega pomarančnega soka
- Oranžna gelna barva za živila (neobvezno)

**NAVODILA:**
a) Pečico segrejte na 350 °F (175 °C). Namastite in pomokajte pekač.
b) V veliki posodi za mešanje penasto zmešajte maslo in sladkor, dokler ne postane svetlo in puhasto.
c) Eno za drugim stepite jajca, nato vmešajte vanilijev ekstrakt, pomarančno lupinico in pomarančni sok.
d) V ločeni skledi zmešajte moko, pecilni prašek in sol.
e) Postopoma dodajajte suhe sestavine mokrim sestavinam, izmenično z mlekom, in mešajte do gladkega.
f) Po želji dodajte nekaj kapljic oranžne jedilne barve v gelu v testo in mešajte, dokler ni enakomerno obarvano.
g) Testo vlijemo v pripravljen pekač in ga po vrhu zgladimo z lopatko.
h) Pecite 45-50 minut ali dokler zobotrebec, ki ga zapičite v sredino, ne izstopi čist.
i) Pustite, da se torta ohlaja v pekaču 10 minut, preden jo prestavite na rešetko, da se popolnoma ohladi.
j) Ko se ohladi, pokapajte s pomarančno glazuro ali potresite s pomarančno lupinico za dodaten izbruh okusa.

## 99. Confetti Funfetti Bundt Torta

**SESTAVINE:**
- 2 1/2 skodelice večnamenske moke
- 1 1/2 skodelice granuliranega sladkorja
- 1 skodelica nesoljenega masla, zmehčanega
- 4 jajca
- 1 skodelica mleka
- 1 žlica vanilijevega ekstrakta
- 1 žlica pecilnega praška
- 1/2 čajne žličke soli
- 1/2 skodelice mavričnega posipa

**NAVODILA:**
a) Pečico segrejte na 350 °F (175 °C). Namastite in pomokajte pekač.
b) V veliki posodi za mešanje penasto zmešajte maslo in sladkor, dokler ne postane svetlo in puhasto.
c) Eno za drugim stepite jajca, nato vmešajte vanilijev ekstrakt.
d) V ločeni skledi zmešajte moko, pecilni prašek in sol.
e) Postopoma dodajajte suhe sestavine mokrim sestavinam, izmenično z mlekom, in mešajte do gladkega.
f) Nežno zložite mavrične posipe.
g) Testo vlijemo v pripravljen pekač in ga po vrhu zgladimo z lopatko.
h) Pecite 45-50 minut ali dokler zobotrebec, ki ga zapičite v sredino, ne izstopi čist.
i) Pustite, da se torta 10 minut ohlaja v pekaču, preden jo prestavite na rešetko, da se popolnoma ohladi.
j) Ko se ohladi, pokapljajte z vanilijevo glazuro in potresite z dodatnimi mavričnimi posipi za praznični pridih.

## 100.Eksplozija sladkarijBundt Torta

**SESTAVINE:**
**ZA TORTO:**
- 2 skodelici večnamenske moke
- 1 skodelica granuliranega sladkorja
- 1 skodelica nesoljenega masla, zmehčanega
- 4 jajca
- 1 skodelica kisle smetane
- 1 čajna žlička vanilijevega ekstrakta
- 1 čajna žlička pecilnega praška
- 1/2 čajne žličke sode bikarbone
- 1/4 čajne žličke soli
- 1 skodelica različnih bonbonov (kot so M&M's, Reese's Pieces, sesekljani Snickers itd.)

**ZA GLAZURO:**
- 1 skodelica sladkorja v prahu
- 2-3 žlice mleka
- 1/2 čajne žličke vanilijevega ekstrakta
- Različni deli sladkarij za dekoracijo

**NAVODILA:**
a) Pečico segrejte na 350 °F (175 °C). Namastite in pomokajte pekač.
b) V veliki posodi za mešanje penasto stepite maslo in granulirani sladkor, dokler ne postanejo rahli in puhasti.
c) Eno za drugim stepite jajca, nato vmešajte vanilijev ekstrakt.
d) Mešajte kislo smetano, dokler se dobro ne poveže.
e) V ločeni skledi zmešajte moko, pecilni prašek, sodo bikarbono in sol.
f) Postopoma dodajajte suhe sestavine mokrim sestavinam in mešajte, dokler se le ne povežejo.
g) Nežno zložite izbrane koščke sladkarij.
h) Testo vlijemo v pripravljen pekač in ga po vrhu zgladimo z lopatko.
i) Pecite 45-50 minut ali dokler zobotrebec, ki ga zapičite v sredino, ne izstopi čist.
j) Pustite, da se torta 10 minut ohlaja v pekaču, preden jo prestavite na rešetko, da se popolnoma ohladi.
k) Ko se torta ohladi, pripravite glazuro tako, da sladkor v prahu, mleko in vanilijev ekstrakt stepete do gladkega.
l) Ohlajeno torto prelijemo z glazuro in okrasimo z dodatnimi koščki bonbonov.
m) Pustite, da se glazura strdi, preden jo narežete in postrežete.

# ZAKLJUČEK

Ko se bližamo koncu »Knjiga Receptov Zbirke Bundt«, upamo, da ste uživali v raziskovanju raznolike palete receptov za torte Bundt in odkrivanju novih priljubljenih, ki jih lahko dodate v svoj pekovski repertoar. Ne glede na to, ali vas privlači preprostost klasične vanilijeve torte ali vas mika dekadenca kreacije, prepojene s čokoladnim ganachem, na teh straneh ne manjka navdiha.

Spodbujamo vas, da sprostite svojo ustvarjalnost in eksperimentirate z različnimi okusi, prelivi in okraski, da si pripravite te recepte po svoje. Navsezadnje gre pri peki toliko za samoizražanje kot za sledenje navodilom. Zato se ne bojte teh receptov spremeniti po svoje in pustite domišljiji prosto pot.

Ko boste nadaljevali s peko, upamo, da boste v procesu našli toliko veselja kot v končnem rezultatu. Ne glede na to, ali pečete za posebno priložnost ali preprosto za potešitev hrepenenja, je nekaj čarobnega v alkimiji moke, sladkorja in masla, ki se združijo, da ustvarijo okusno torto.

Hvala, ker ste se nam pridružili na tej okusni avanturi. Naj vašo kuhinjo zadiši po sveže pečenem kolačku, vsaka rezina pa naj vam privabi nasmeh na obraz in toplino v srce. Veselo peko!

www.ingramcontent.com/pod-product-compliance
Lightning Source LLC
Chambersburg PA
CBHW070653120526
44590CB00013BA/940